现代化进程中的瓜达尔

李景峰◎著

经济日报出版社

图书在版编目（CIP）数据

现代化进程中的瓜达尔 / 李景峰著. --北京：经济日报出版社，2020.12
ISBN 978-7-5196-0740-1

Ⅰ.①现… Ⅱ.①李… Ⅲ.①中外关系-友好往来-巴基斯坦 Ⅳ.①D822.335.3

中国版本图书馆 CIP 数据核字（2020）第 241046 号

现代化进程中的瓜达尔

作　者	李景峰
责任编辑	黄芳芳
助理编辑	张　琦
责任校对	薛银涛
出版发行	经济日报出版社
地　址	北京市西城区白纸坊东街 2 号 A 座综合楼 710（邮政编码：100054）
电　话	010-63567684（总编室）
	010-63584556（财经编辑部）
	010-63567687（企业与企业家史编辑部）
	010-63567683（经济与管理学术编辑部）
	010-63538621　63567692（发行部）
网　址	www.edpbook.com.cn
E-mail	edpbook@126.com
经　销	全国新华书店
印　刷	中国电影出版社印刷厂
开　本	710×1000 毫米　1/16
印　张	13.25
字　数	166 千字
版　次	2021 年 5 月第 1 版
印　次	2021 年 5 月第 1 次印刷
书　号	ISBN 978-7-5196-0740-1
定　价	68.00 元

中国港控董事长张保中向巴基斯坦总理伊姆兰·汗介绍瓜达尔发展情况和前景

巴基斯坦总理伊姆兰·汗出席瓜达尔新国际机场项目启动奠基仪式

Gwadar Pro 客户端 2019 年在瓜达尔举行上线仪式

中国港控董事长张保中向瓜达尔法曲尔中学优秀师生颁发中国大使奖学金

一位巴基斯坦小姑娘参观瓜达尔港

巴基斯坦总理伊姆兰·汗与中国经济网总编辑崔军握手交谈

巴基斯坦国民议会议长阿萨德·凯瑟接受中国经济网采访

媒体论坛的中巴嘉宾对美方抹黑中巴经济走廊的言论进行批驳

一艘载有 1.6 万吨化肥的中型货轮抵达瓜港

港口工作人员卸载化肥

序

从2015年起，经济日报－中国经济网的青年才俊数十次到瓜达尔港现场调研、采访，亲身经历瓜港建设开发过程中所有里程碑事件。他们以此为基础编写了这本《现代化进程中的瓜达尔》，向关心和支持瓜达尔发展的广大朋友系统介绍瓜达尔的发展成就以及对发展过程中存在问题的理论思考。付梓之时，中国经济网总编辑崔军希望我写篇感想，作为这本重要文献的序言。初始接到这个任务，确有诚惶诚恐之感觉，唯恐言不得体，贻笑大方。然恭敬不如从命，更何况作为该著作的第一受益人，推广此书并借机表达对这些年青学者的感激之情也是我应尽之责任。

瓜达尔地区位于巴基斯坦俾路支省西南部，级别相当于我国的地区级辖区，包括瓜达尔、帕西尼等小城市。瓜达尔因港得名，由于其位于具有重要战略意义的波斯湾的咽喉附近，距离全球石油供应的主要通道霍尔木兹海峡大约400公里，更由于中国的参与，瓜达尔声名显赫，引起人们的无限遐想。

悠悠几千年，瓜达尔一直默默无闻。巴基斯坦曾经是大英帝国在南亚地区的基地，但侵略者们似乎更加青睐巴基斯坦北部连绵的高原牧场和肥田沃土，而对其西南部尘沙茫茫、土山丘陵此起彼伏的瓜达尔地区鲜有兴趣。因此，阿拉伯海对岸的阿曼苏丹自1792年起，才能够偏隅一方，占据瓜达尔200多年。直到1958年巴基斯坦以300万英镑的价格自阿曼购买了瓜达尔地区，并入自己的版图。

2015年底，公司委派我负责瓜达尔港口的运营开发工作。在此前，我对瓜达尔一无所知。当我从繁华都市北京，跨过蓝天碧海的印度洋降落在瓜达尔机场时，我被眼前的景象彻底震撼了：遮天蔽日的黄沙、了无生机的漫漫沙漠、烫脸的热带季风……曾经幻想憧憬的海边小城的浪漫柔情被这猝不及防的长河落日、大漠孤烟的景象破坏得支离破碎。恍惚间，我怀疑飞机是不是把我带到了火星！

瓜达尔属热带沙漠气候，年平均气温22~29摄氏度，全年降雨量不到200mm。瓜达尔一词在当地语的意思是"风之门"，风沙活动为其主要气候现象。蒸发量远远大于降水量，大风吹蚀、土壤盐渍化破坏了脆弱的植被生态系统，并形成恶性循环。如果不尽快进行人工干预，瓜达尔将很快变成一片沙漠。

在这片贫瘠的土地上生活着勤劳、勇敢、热爱和平的俾路支人。他们世世代代以打渔为生。这里人口稀少，无法得到巴基斯坦联邦政府的财政支持，因此基础设施条件极其落后。老百姓们仍然过着缺医少药，无水无电的中世纪生活。可以说，瓜达尔是一个被现代世界遗忘的角落。

早在20世纪70年代，巴基斯坦政府就有了开发瓜达尔港的设想。美国、俄罗斯都曾经试图染指瓜达尔港开发，但由于各种原因，无果而终。1999年穆沙拉夫总统执政后，请求中国政府援建瓜达尔深水港项目。穆沙拉夫于2000年7月对中国进行了友好访问，两国在一系列问题上达成了广泛共识。中国于2001年做出了援建决定，当年8月，中巴两国政府在北京签署了瓜达尔港项目一期工程融资协议。2002年，中国港湾集团承担瓜达尔港工程建设，2005年完成工程建设。2007年，新加坡港务局获得该港口的运营开发权，但由于各种原因，港口运营没有获得预想效果。2013年，巴基斯坦政府请求中国公司参与瓜达尔港开发经营。经过友好协商谈判，中国海外港口控股有限公司接管了瓜达尔港运营开发权。

2015年4月21日，习近平主席访问巴基斯坦，提出中巴两国要以中巴经济走廊建设为中心，以瓜达尔港、能源、基础设施建设、产业合作为重点，形成“1+4”合作布局。让发展成果惠及巴基斯坦全体人民，进而惠及本地区各国人民。自此，瓜达尔获得了前所未有的发展机遇。

巴基斯坦是中国唯一的“全天候战略合作伙伴”，两国友好关系深深扎根于民间沃土。这无疑为中国公司在巴基斯坦发展业务带来巨大便利。但毋庸讳言，两国在政治体制、文化、发展理念上存在的差异也给瓜达尔合作造成不可避免的碰撞和困惑。

尽管瓜达尔是个弹丸之地，但国际地缘政治却十分复杂，西方大国和地区主要国家的利益代表或明或暗地活动在瓜达尔各个角落。俾路支分裂势力更是把瓜达尔视为自己的领地，容不得任何外来者参与瓜达尔各项事务。从中国帮助巴基斯坦政府建设瓜达尔港到后来支持中国公司经营瓜达尔港，外部势力就一直对中国在瓜达尔的存在抱有戒心。造成严重伤亡的2005年“5·03”恐袭事件、2019年“5·11”恐袭事件是敌对势力反对瓜达尔发展的集中表现。鼓动地方势力阻挠项目施工，在媒体上污蔑造谣瓜达尔中资项目等恶行更是司空见惯，举不胜举。

中巴关系友好并不意味着我们可以肆意消费这种来之不易的友好关系。历史上作为英国殖民地，巴基斯坦在宪法和法制上继承了西方法律体系，同时又加入了穆斯林宗教理念和现代法律文明成果。巴基斯坦各阶层普遍赞叹中国改革开放以来在经济发展上取得的丰硕成果，也羡慕中国政府执政为民的政治理念，以及由此产生的强大集中领导力量。但这并不意味着我们可以照搬中国的发展模式帮助巴基斯坦发展经济。我们必须理解和承受两国因政治制度不同、宗教文化差异而导致的工作和生活上的碰撞。既要坚信“兄弟齐心，其利断金”，通过亲密合作，促进两国经贸合作发展的基础，也要奉行互利共赢，“亲兄弟，明算账”的商业原则，使中巴经济合作的道路走的更宽、更远。

春江水暖鸭先知。经过五年多中巴建设者的共同奋斗，今日的瓜达尔已经由毫无生机的小渔村变成了投资者们趋之若鹜的投资热土。日渐繁忙的港口、机声隆隆的工业区、万众期待的瓜达尔新国际机场、蓝天碧海边上的东湾快速路、雨后春笋般矗立起来的一栋栋楼房、火焰般到处盛开的芙蓉花昭示着瓜达尔已经步入了现代化发展进程。瓜达尔民众也在此进程中产生强大的获得感，而他们的支持是我们坚定开发建设瓜达尔的坚强后盾。当每与瓜达尔基层民众座谈，他们渴望发展并把未来美好生活的全部希望寄托给中国人时，我们在为伟大祖国感到自豪的同时更体会到信任带来的责任。我们坚信，在习近平总书记有关“一带一路”倡议指示精神指导下，在中巴两国政府的支持下，我们一定能够把瓜达尔建设成为不同文化、政治体制间的一个合作典范。30 年前能够在自己的领土上创造深圳奇迹，30 年后，在异国他乡，我们也一定能够创造瓜达尔效应！

中国海外港口控股有限公司董事长　张保中

2021 年 1 月 17 日

自　序

专门介绍瓜达尔的专著和论文并不多，而且其中大多数是从地缘战略和地缘安全、海权等角度分析瓜达尔的重要性，如：瓜达尔位于波斯湾入口，对于航线安全能产生较大影响；瓜达尔远离印度，对维护巴基斯坦的海洋安全至关重要；瓜达尔是所谓“珍珠链战略”的重要一环等议题。我们暂且不论上述观点正确与否，对中国来说，中国希望中国的发展成果惠及邻国，希望中国的好邻居、好朋友、好伙伴、好兄弟能够过上好日子，这是中巴经济走廊建设的“初心”。

从结构上看，本书分为两个部分。一是介绍瓜达尔的现状。不论是在中国，还是在巴基斯坦，专门介绍瓜达尔地区的专著都非常少。因此，有必要对于瓜达尔的现状进行全面梳理。只有了解了瓜达尔，我们才能真正理解瓜达尔。二是介绍中国政府和企业在瓜达尔的工作。大到瓜达尔港项目、瓜达尔新机场项目、东湾公路，小到为瓜达尔市民提供清洁用水、建学校、医院，中国建设者们为瓜达尔的发展付出了青春和智慧，他们见证了瓜达尔从戈壁到绿荫，他们用实际行动为中巴友谊增砖添瓦，他们的事迹值得中巴两国人民尊重，他们的故事值得中巴两国人民铭记。

尽管近年来瓜达尔已经取得了长足发展，但总体仍相对落后。对当地人来说发展仍是首要任务。本书以发展为主线，尝试探讨瓜达尔的发展成就及未来发展路径。相信随着中巴经济走廊的进一步推进，瓜达尔在地区经济贸易中的枢纽地位将获得进一步提升。本书也在尝试回答以下两个问题：

为什么要发展瓜达尔？因为这对巴基斯坦国家安全、经济发展、社会稳定至关重要。然而，仅靠巴基斯坦的经济无法实现如此巨大的投资，因此需要引入国际社会的支持。目前来看，中国对于巴基斯坦的支持是瓜达尔发展的重要支撑。

如何发展瓜达尔？一个中心，四个基本点。一个中心指以贸易为中心，四个基本点是互联互通、民生改善、农业、渔业。贸易引领是中心，贸易对瓜达尔发展的正向激励作用会增加政府收入，带动工业化和现代化水平，以港带城，以城兴港。瓜达尔与地区之间的海、陆、空互联互通是成为地区贸易网络核心的重要基础。民生发展既是瓜达尔持续发展的前提，也是瓜达尔发展的落脚点，发展是为了人民。农业是瓜达尔地区发展的根本，渔业是瓜达尔地区的传统产业，也是最容易实现产品深加工和现代化的产业。瓜达尔想要摆脱贫困，获得真正发展，就更应关注该地区的经济价值，关注当地老百姓的民生项目。我们可以欣喜地看到，中国政府和企业已经在这方面做了有益的探索，他们在瓜达尔的辛勤付出使得当地群众对未来充满信心，这也是中巴经济走廊给沿线人民带来的最有意义的礼物。

需要说明的是，不同的机构、不同的作者对于瓜达尔地区的统计数据并不一致，有些甚至存在较大偏差，有些无法核查。因此，笔者在写作过程中以巴基斯坦政府给出的统计数据为主。例如根据巴基斯坦 2017 年全国人口普查数据，瓜达尔地区人口总数为 26.3514 万人。然而《瓜达尔地区发展概况》显示截至 2014 年瓜达尔地区总人口为 29.7 万人。①

书稿完成之际，谨向中国经济网总编辑崔军、网站编辑赵小鹏致以最诚挚的谢意。同时还要感谢四川省社科院政治学所的同事们，他们的真心关怀和热心帮助对完成此书必不可缺。

衷心感谢本书所引用的专著、论文、研究报告的作者们，本书的研究是在前人基础上取得的。本书主要为了向关心、支持瓜达尔发展的朋友们提供一些基础材料，以增加大家对瓜达尔的了解。

瓜达尔历史文化深厚，现实情况复杂，书中疏谬之处在所难免，敬请读者、学界前辈指正。

李景峰

2020 年 12 月

① AASA Consulting, *DEVELOPMENT PROFILE OF GWADAR DISTRICT*, January 3, 2015, p4.

目　录

瓜达尔地区概况

面积	12637 平方公里
人口（2017 年）	263514 人
城市人口	161599 人
农村人口	101915 人
户均人口	6.6 人
下辖县/区	5
选区联合会	13

中、英文对照表

机构、政党名称中英文对照

巴基斯坦政府	GoP
巴基斯坦联邦收入委员会	Federal Board of Revenue
巴基斯坦国家数据库和注册局	National Database and Registration Authority
俾路支省沿海开发和渔业部	Coastal Developmentand Fisheries Department
瓜达尔开发管理局	GDA
瓜达尔港务局	GPA
俾路支民族党	BNP
俾路支人民党	BAP
联合行动阵线	MMA
巴基斯坦伊斯兰神学者协会	JUI－F
伊斯兰大会党	JI
俾路支学生组织	Baloch Student Organization

地名中英文对照

奥尔马拉	Ormara
伯斯尼	Pasni
吉沃尼	Jiwani
桑泽	Suntser
阿斯托拉岛	Astola
齐拉特	Ziarat
苏伊	Sui
库兰奇	Kulanch
达什特	Dasht
喀拉特	Kalat
拉斯贝拉	Lasbela
科奇	Kech
本杰古尔	Panjgur
图尔伯特	Turbat

其他

塞莱基语	Seraiki（Saraiki）
多维贫困指标	MPI
百万加仑每天	million gallons per day
卡拉奇瓜达尔中东快航	Karachi Gwadar Gulf Express
萨达尔	Sardari

一、瓜达尔基本概况

KODAMA

瓜达尔被称为“风之门（Gateway of Winds）”。巴基斯坦成立之时瓜达尔仍是阿曼统治者管理。

（一）瓜达尔的地理、自然、气候

1. 地理环境

瓜达尔地区位于北纬25°01′-25°49′，东经61°37′-65°15′。时区上巴基斯坦属于东五区，瓜达尔时间比北京时间晚3个小时。

瓜达尔地区地广人稀，且绝大多数土地为荒地，未来土地拓展空间大。根据俾路支2017年人口统计调查和2017年俾路支财政委员会的报告，瓜达尔地区面积为1.2637万平方公里，占俾路支总面积的3.64%。

瓜达尔地缘位置重要，位于巴基斯坦俾路支省的南端，也位于波斯湾的入口。瓜达尔坐落在伊朗高原的东部，向西与伊朗锡斯坦-俾路支省（Sistan and Baluchestan Province, Iran）接壤。拉斯贝拉地区位于瓜达尔的东部，南邻阿拉伯海，北面是俾路支的科奇和Awaran地区。

瓜达尔是沿马坎兰海岸山脉南部的长长的海滨地区。海岸线长达600公里，占俾路支海岸线总长的78%，占巴基斯坦海岸线总长的55%。[①] 瓜

① Gwadar-An Integrated Development Vision, IUCN Pakistan, Balochistan Programme, 2007, p5-6.

达尔海岸线非常独特复杂，也拥有丰富的海洋生物，并在阿拉伯海的岸边拥有长长的海滩。从地貌特征看，瓜达尔有大量的海湾、小河和滩涂，但其最典型的特征是频繁出现海岬和半岛，其上覆盖着白色粘土峭壁。瓜达尔地区中部海岸地势较低，有白色的高沙丘，带草丛的低沙丘，某些地方则是一片很低的沙丘，后面有大量盐水和红树林沼泽。瓜达尔地区有一些良好的港口，主要港口是吉瓦尼、瓜达尔、帕斯尼和奥马拉。帕斯尼东南约40公里处还有一个无人居住的小岛——阿斯托拉岛，离海岸约20公里。从生态环境看，瓜达尔海岸线的自然特征包括大片的红树林和广阔的海岸，其生态系统中也包括盐沼、海草和红树林，从而为许多鱼类和贝类提供了重要的栖息地。

瓜达尔港位于巴基斯坦俾路支省西南边陲的瓜达尔市，西距伊朗120公里，东与巴基斯坦南部港口城市卡拉奇海上距离460公里、陆路距离630公里，北距俾路支省省府奎达970公里，距阿曼的哈德角（Ras al Hadd）约320公里，并且紧邻伊朗的恰巴哈港（Chabahar）和班达阿巴斯（Bandar Abbas）。瓜达尔港是中巴经济走廊的出海口，也是21世纪海上丝绸之路的重要节点。瓜达尔海岸线岸滩稳定，适合建港。瓜达尔港是天然深水良港。港口后方土地资源丰富，环境容量大。

瓜达尔地区的矿产资源并没有得到充分地探测，目前已知的自然资源主要有三类：一是渔业，海岸线和海洋为瓜达尔地区多数民众提供了基本生计保证；二是土地，瓜达尔地区土地资源丰富，但由于缺乏水源，因此暂时无法大规模开发耕作土地；三是近海石油，巴基斯坦石油公司已获得瓜达尔近海两个区块的石油探测项目。

2. 气候条件

为科学评估瓜达尔地区的气候，巴基斯坦政府在瓜达尔市、伯斯尼、吉沃尼都设有观测站。整体来看，瓜达尔地区受海洋气候的影响，夏季炎热，冬季温暖，但相对于俾路支的内陆地区，瓜达尔的夏天气温偏低，冬天温度偏高。瓜达尔极少出现 38 摄氏度以上高温，最低温度也极少低于 11 摄氏度。瓜达尔的冬季为每年 12 月到次年 2 月，期间除了偶尔冷空气来袭带来降温，大部分时间较为温和舒适。瓜达尔气候干燥，降雨不稳定，大部分降雨发生在 12 月至次年 3 月之间，在一年的其余时间中 10 月的降雨概率最大。

郑崇伟、李崇银等利用 ERA - interim 风场资料，对瓜达尔的风密度、风能资源、有效风速出现的频率等进行分析，认为：瓜达尔主要风向是西南风，瓜达尔港的风能资源常年可用，风能密度、有效风速出现频率、不同等级风能密度出现频率都表现出明显的单峰型月变化特征，峰值出现在 4 ~ 5 月。①

瓜达尔地区自然灾害频发，包括旋风、短时洪水、地震和干旱等。

根据国际红十字会和红新月会统计，耶敏（Yemyin）气旋风暴于 2007 年 6 月 26 日在瓜达尔的奥尔马拉和伯斯尼第二次登陆，至少造成俾路支 380 人死亡，25 万人无家可归。2010 年 5 ~ 6 月，菲特（Phet）气旋在瓜达尔的吉沃尼和伯斯尼登陆，瓜达尔地区受灾人口达 1. 87 万人。②

根据《俾路支保护战略》中对俾路支瓜达尔海岸线的地震统计数据，瓜达尔海岸位于主要的地质俯冲带，是巴基斯坦地震较为活跃的地区之一。1851 年至 1990 年，该地区 4 级以上地震达 193 次。③

---

① 郑崇伟，李崇银，杨艳，陈雄：“巴基斯坦瓜达尔港的风能资源评估”，《厦门大学学报（自然科学版）》，2016 年 3 月，第 214 页。

② Climate Change and Coastal Districts of Balochistan-Situation Analysis, Implications and Recommendations, INTERNATIONAL UNION FOR CONSERVATION OF NATURE, 2012, p41.

③ Hamid Sarfraz, Balochistan Conservation Strategy, IUCN Technical Report, January 2000, p133.

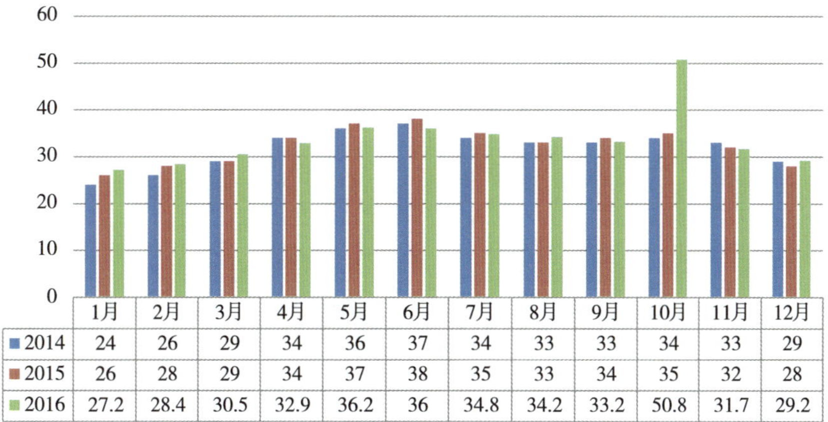

	1月	2月	3月	4月	5月	6月	7月	8月	9月	10月	11月	12月
■2014	24	26	29	34	36	37	34	33	33	34	33	29
■2015	26	28	29	34	37	38	35	33	34	35	32	28
■2016	27.2	28.4	30.5	32.9	36.2	36	34.8	34.2	33.2	50.8	31.7	29.2

图 1　瓜达尔最高温度（摄氏度）

数据来源：2014、2015 年数据来自 Development Statistics of Balochistan 2015 – 16, BUREAU OF STATISTICS, PLANNING & DEVELOPMENT DEPARTMENT, GOVERNMENT OF BALOCHISTAN, p77 – 84. 2016 年数据来自：Development Statistics of Balochistan 2016 – 17, BUREAU OF STATISTICS, PLANNING & DEVELOPMENT DEPARTMENT, GOVERNMENT OF BALOCHISTAN, p73 – 76.

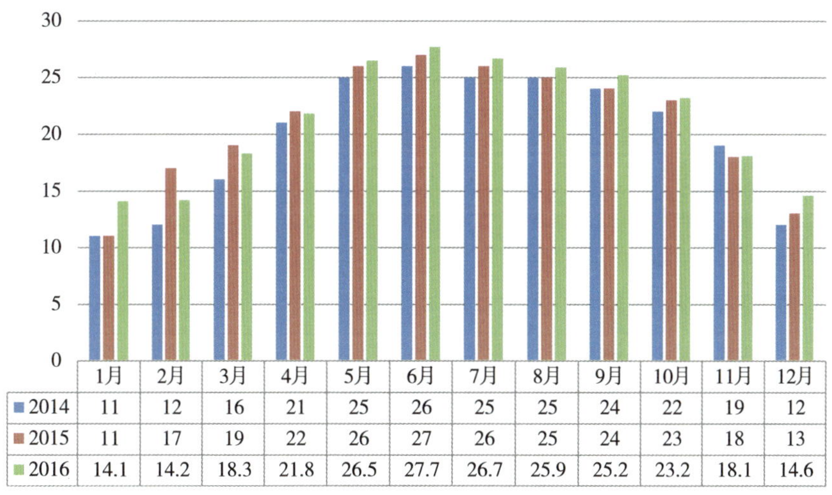

	1月	2月	3月	4月	5月	6月	7月	8月	9月	10月	11月	12月
■2014	11	12	16	21	25	26	25	25	24	22	19	12
■2015	11	17	19	22	26	27	26	25	24	23	18	13
■2016	14.1	14.2	18.3	21.8	26.5	27.7	26.7	25.9	25.2	23.2	18.1	14.6

图 2　瓜达尔最低温度（摄氏度）

数据来源：2014、2015 年数据来自 Development Statistics of Balochistan 2015 – 16, BUREAU OF STATISTICS, PLANNING & DEVELOPMENT DEPARTMENT, GOVERNMENT OF BALOCHISTAN, p77 – 84. 2016 年数据来自：Development Statistics of Balochistan 2016 – 17, BUREAU OF STATISTICS, PLANNING & DEVELOPMENT DEPARTMENT, GOVERNMENT OF BALOCHISTAN, p73 – 76.

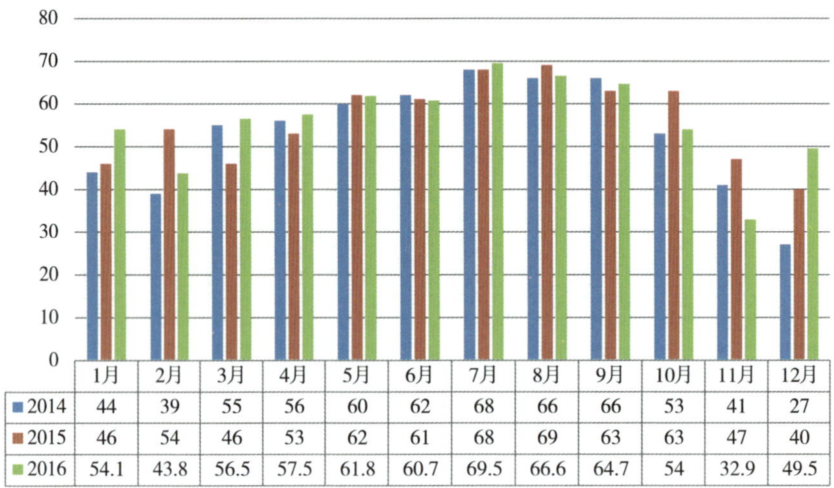

	1月	2月	3月	4月	5月	6月	7月	8月	9月	10月	11月	12月
2014	44	39	55	56	60	62	68	66	66	53	41	27
2015	46	54	46	53	62	61	68	69	63	63	47	40
2016	54.1	43.8	56.5	57.5	61.8	60.7	69.5	66.6	64.7	54	32.9	49.5

图3 瓜达尔湿度（%）

数据来源：2014、2015 年数据来自 Development Statistics of Balochistan 2015 – 16, BUREAU OF STATISTICS, PLANNING & DEVELOPMENT DEPARTMENT, GOVERNMENT OF BALOCHISTAN, p77 – 84. 2016 年数据来自：Development Statistics of Balochistan 2016 – 17, BUREAU OF STATISTICS, PLANNING & DEVELOPMENT DEPARTMENT, GOVERNMENT OF BALOCHISTAN, p73 – 76.

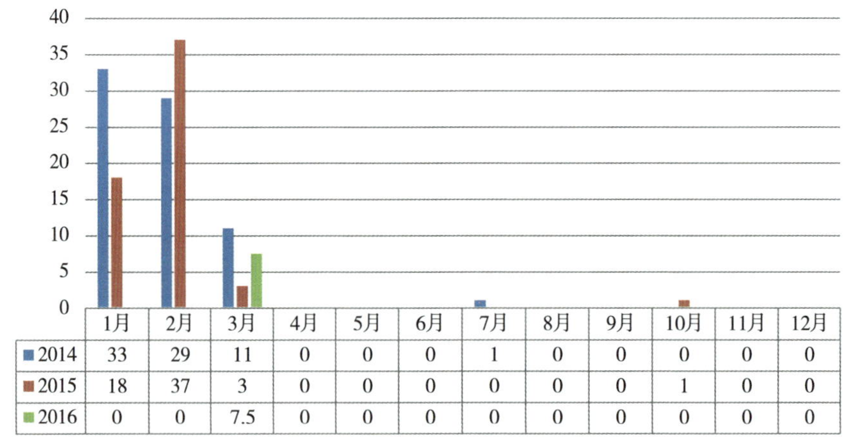

	1月	2月	3月	4月	5月	6月	7月	8月	9月	10月	11月	12月
2014	33	29	11	0	0	0	1	0	0	0	0	0
2015	18	37	3	0	0	0	0	0	0	1	0	0
2016	0	0	7.5	0	0	0	0	0	0	0	0	0

图4 瓜达尔降雨量（毫米）

数据来源：2014、2015 年数据来自 Development Statistics of Balochistan 2015 – 16, BUREAU OF STATISTICS, PLANNING & DEVELOPMENT DEPARTMENT, GOVERNMENT OF BALOCHISTAN, p77 – 84. 2016 年数据来自：Development Statistics of Balochistan 2016 – 17, BUREAU OF STATISTICS, PLANNING & DEVELOPMENT DEPARTMENT, GOVERNMENT OF BALOCHISTAN, p73 – 76.

（二）瓜达尔的历史、政治、人口

1. 瓜达尔的历史

瓜达尔的历史可以追溯到数万年前①。从历史上来看，瓜达尔被马坎兰地区统治者管辖的历史也可以追溯到4000年前，该地区还曾被伊朗等管辖。

瓜达尔地区有确切记载的历史来自于2500年前。公元前325年，亚历山大从印度返回马其顿时征服该地区。阿拉伯人在8世纪初决定选择信德省后，其地理重要性增强。但是，历史上的这些征服者都没有打算永久留在该地区，它主要受当地部落统治。16世纪末，葡萄牙人在前往印度的途中登陆马坎兰海岸，并占领了附近的几个地区。1581年，他们焚毁了瓜达尔和伯斯尼。就像历史上的其他征服者一样，葡萄牙人也没有留在瓜达尔，瓜达尔仍旧由当地部落等实际控制。1783年，喀拉特国王把瓜达尔作为礼物赠予阿曼，其后瓜达尔作为一个港口城市逐渐活跃起来，现在瓜达尔周边还能看到那个时期的遗迹。

2. 政治制度②

《2010年俾路支省地方政府法》规定了瓜达尔等地区地方政府机构的组成，地区级地方政府主要负责地方一级的发展和向当地人民提供市政服务，这些机构将在省政府宣布地方政府选举后成立。

---

① Zafar认为在大约6万年前，该地区已经有人类居住。Zafar，I. S.，Air pollution studies and determination of smoke particles size on Siryab road，Quetta，World Applied Sciences Journal，2006，Vol. 1 No. 2，p122－126.

② 数据来源：http：//www.electionpakistani.com/，最后登录：2019年12月15日。

瓜达尔是俾路支省议会 PB－51 席位和国民议会 NA－272 的选区，整个瓜达尔是俾路支省议会的 PB－51 席位选区。2002 年起，瓜达尔地区又和科奇一起构成了巴基斯坦国民议会 NA 272 选区。从历年选举情况看，俾路支民族党（BNP）在该地区影响较大，俾路支学生组织在该地区也有一定影响。

2013 年、2018 年 PB－51 席位选举中，俾路支民族党候选人都以较大优势赢得选举。以 2018 年选举为例，选票总数为 61502 张，其中俾路支民族党候选人 Mir Hamal Kalmati 赢得 31248 张选票，占选票总数的 50.8%。

表 1　2018 年 PB－51 席位选举结果（前五）

候选人姓名	政党	选票
Mir Hamal Kalmati	俾路支民族党	31248
Yaqoob Bazajo	俾路支人民党	16585
Ashraf	民族党	7128
Saeed Ahmed	联合行动阵线	2876
Abdul Hameed	俾路支民族党（Awami）派	1634
选票总计		61502

数据来源：根据巴基斯坦选举委员会的数据整理。

表 2　2013 年 PB－51 席位选举结果（前五）

候选人姓名	所属政党	选票
Mir Hammal Kalmati	俾路支民族党	13944
Yaqoob Bezanjo	民族党	6190
Ashraf	穆盟谢	2701
Muhammad Anwar	俾路支民族党（Awami）派	952
Ghulab Baloch	伊斯兰大会党	941
选票总计		26278

数据来源：根据巴基斯坦选举委员会的数据整理。

表 3　2008 年 PB－51 席位选举结果（前五）

候选人姓名	政党	选票
Mir Hammal Kalmati	穆盟领袖派	15343
Ashraf	独立候选人	8246
Syed Mayar Jan Noori	独立候选人	6953
Abdul Rahim Zafar	人民党	1959
Mir Chakar Saeed	独立候选人	195
选票总计		32806

数据来源：根据巴基斯坦选举委员会的数据整理。

表 4　2002 年 PB－51 席位选举结果

候选人姓名	所属政党	选票
Syed Sher Jan	独立候选人	12376
Abid Rahim Sohrabi	俾路支民族运动党	9652
Saeed Ahmed	联合行动阵线	3791
Sadiq Rahim	独立候选人	205

数据来源：根据巴基斯坦选举委员会的数据整理。

2002 年前，瓜达尔国民议席与拉斯贝拉共同选一个席位；2002 年起，瓜达尔与科奇地区共同分享席位。瓜达尔政治地图变动导致独立候选人 Zubaida Jalal 女士在 2002 年大选中以多出 8000 张左右的选票击败俾路支民族运动党（BNM）候选人，赢得选票，但优势并不明显。2008 年，俾路支民族党（Awami）派参加大选，但俾路支其他民族主义党以巴基斯坦军方开展军事行动为由抵制大选，结果俾路支民族党候选人 Yaqoob Bizenjo 以较大优势赢得此次大选。

表 5　2018 年 NA－272 席位选举结果（前五）

候选人姓名	政党	选票
Muhammad Aslam Bhootani	独立候选人	68019
Jam Kamal Khan	俾路支人民党	63789
Muhammad Akhtar Mengal	俾路支民族党	41981
Wazir Ahmad Noorani	TLP	4630
Allah Bakhsh	联合行动阵线	4417
选票总计		189332

数据来源：根据巴基斯坦选举委员会的数据整理。

表 6　2013 年 NA－272 席位选举结果（前五）

候选人姓名	所属政党	选票
Sayed Essa Nori	俾路支民族党	15835
Doctor Muhammad Yasin Baloch	民族党	15316
Abdul Rauf Rind	俾路支民族党（Awami）派	5147
Abdul Hameed	伊斯兰神学者协会	2973
Gulab Baloch	伊斯兰大会党	1108
选票总计		41881

数据来源：根据巴基斯坦选举委员会的数据整理。

表 7　2008 年 NA－272 席位选举结果（前五）

候选人姓名	政党	选票
Yaqoob Bizenjo	俾路支民族党（Awami）派	61655
Zubeda Jalal	独立候选人	33564
Dr. Muhammad Haider Baloch	人民党	3514
Abdul Qadeer	穆盟谢	2448
Syed Sher Jan.（R）	独立候选人	1520
选票总计		103938

数据来源：根据巴基斯坦选举委员会的数据整理。

表 8　2002 年 NA－272 席位选举结果（前五）

候选人姓名	所属政党	选票
Mrs. Zubaida Jalal	独立候选人	44177
Doctor Abdul Malik	俾路支民族运动党	36169
Maulana Abdul Haque	联合行动阵线	6252
Jamil Ahmed Dashti	俾路支民族党	1761
Fida Hussain	BNDP	649
选票总计		89008

数据来源：根据巴基斯坦选举委员会的数据整理。

3. 行政区划

1958 年 9 月，巴基斯坦以 840 万美元的价格从阿曼手中赎回瓜达尔及其海岸，尤其是资源开发权力，瓜达尔成为马坎兰地区的一个县。1977 年，瓜达尔成为俾路支省的一个独立地区，也成为巴基斯坦拥有最长海岸线的地区。

瓜达尔地区下辖 4 个县和一个附属县，分别是瓜达尔、吉沃尼、奥尔马拉、伯斯尼和桑泽附属县。瓜达尔地区下辖 13 个选区联合会①，瓜达尔县和伯斯尼县各 4 个，吉沃尼和奥尔马拉各 2 个，桑泽附属县 1 个选区联合会，共有 169 名成员。

---

① 选区联合会是巴基斯坦地区以下的组成单位，由一个或多个税收单元，或者普查村庄，或者普查区域组成。选区联合会在地理范围上具有统一性，不会超过地区界限、都市界限。每个选区联合会所下辖的人口数量相差不会非常大。https：//kitaab. com. pk/ecp/list－of－union－councils－ecp－election－commission－of－pakistan/，最后登录：2019 年 12 月 15 日。

表 9　瓜达尔地区行政区及人口

	人口	户数
瓜达尔地区	263514 人	39922
1、瓜达尔县	138438 人	20471
2、吉沃尼县	26991 人	4459
3、奥尔马拉县	25727 人	4540
4、伯斯尼	61396 人	8400
5、桑泽附属县	10962 人	2052

数据来源：POPULATION AND HOUSEHOLD DETAIL FROM BLOCK TO DISTRICT LEVEL, BALOCHISTAN（GWADAR DISTRICT）.

（三）瓜达尔的社会文化环境

1. 民族宗教

俾路支是多民族混居的省份，其中俾路支人（包括布拉灰人）大约占俾路支省总人口的55%，普什图人占总人口的30%，其他为旁遮普人、哈扎拉人等。俾路支部落众多，有学者认为有 17 个大部落，400 多个小部落。17 个大部落中又有两个核心部落，分别是苏莱曼俾路支（Sulaiman Baloch，又称东俾路支部落），马坎兰俾路支（Makran Baloch，又称西俾路支）。从人种学角度看，马坎兰俾路支一般被认为是俾路支人的核心。苏莱曼俾路支包括 Bugti、Buzdars、Dombkis、Kaheris、Khetrans、Magsis、Marris,、Mugheris、Rind、Umranis 等。马坎兰俾路支包括 Dashtis、Gichki、Kandai、Rais、Rakhshani、Rind、Sangu、Sanjrani 等。尽管 Rind 被认为是俾路支部落的领导，但是现在俾路支政治中，布格提部落（Bugti）和马里部落是真正的核心。从部落人口和拥有的土地来看，马里部落是俾路支最大的部落。①

俾路支部落结构的核心是萨达尔制度，尽管部落纽带已经弱化，但传统习俗根深蒂固。Taj Mohammad Breseeg 认为瓜达尔地区的部落联系较为松散，俾路支省南部的拉斯贝拉部落和东边的都不能定义为部落。与此相对应的，部落社会结构在布格提、Kohlu 等地区则非常重要。②

表 10　瓜达尔地区的部落③

部落名称	分布地区	人口	占俾路支总人口比重
Kulachi	瓜达尔	27824	1. 16%
Maed	瓜达尔	55649	2. 32%
Kalmati	瓜达尔	46374	1. 94%
Dashti	图尔伯特，瓜达尔	48059	2. 01%
Askani	图尔伯特，瓜达尔	22690	0. 95%

瓜达尔地区的人口主要信仰伊斯兰教，只有 0. 7% 的人口信仰其他宗教。其中，印度教徒，占 0. 39% ，而基督徒和其他宗教少数群体仅占人口的 0. 31% 。

2. 语言

根据巴基斯坦 2017 年统计，俾路支地区 52. 61% 的人口母语为俾路支语，35. 34% 母语为普什图语，4. 56% 母语为信德语，2. 65% 母语为塞莱基语（Seraiki）。瓜达尔是俾路支省以俾路支语为主的地区：本杰古尔（Pan-

① Tilak Devasher, Pakistan-The Balochistan Conundrum, HarperCollins Publishers, 2019, p23.

② Tilak Devasher, Pakistan-The Balochistan Conundrum, HarperCollins Publishers, 2019, p28.

③ Fida Hussain Malik, *Balochistan-A Conflict of Narratives*, Lightstone Pulishers LTD, 2019, p212 – 215. 也有人认为，俾路支地区的部落为 Kauhda、Hoath、Gichki、Kalmati、Dashti 和 Rind，详见 District Development Profile 2011-Gwadar, Planning & Development Department, Government of Balochistan, 2011, p4.

jgur）以俾路支语为母语的占 99.41%；图尔伯特（Turbat）占 99.66%，瓜达尔占 98.5%，Kohlu 占 96.24%。Kharan 占 69.85%，29.39% 的母语为布拉灰语。

由于接近伊朗，瓜达尔地区共同方言比其他地方的俾路支语拥有更多的波斯语单词。乌尔都语是城市地区的通用语，但农村地区的绝大多数男性也可以用乌尔都语交流。乌尔都语也是学校的教学语言，新移民的到来将增加该地区的语言多样性。

3. 瓜达尔的人口

与俾路支省类似，瓜达尔也属于地广人稀的地区，每平方公里仅 20 人，这与其自然条件密切相关。瓜达尔大部分地区自然条件恶劣，炎热干旱，年降水只有几十毫米，使当地居民面临饮用水短缺问题。根据 2017 年巴基斯坦人口和住房普查的统计数据，瓜达尔地区总人口 26.3514 万人，俾路支省总人口 1234.4 万人，瓜达尔总人口占俾路支总人口的 2.13%。

瓜达尔一直是人类的聚居区。1903 年，瓜达尔对外出口额约为 55 万卢比，进口额为 20 万卢比，但人口仅有 4350 人。他们大部分都是渔民，其贸易伙伴主要是印度人和科贾人（Khojas）。[①] 然而，由于瓜达尔位置偏远，管理设施落后，该地区发展极为缓慢，直到 1950 年才建立了第一所小学。[②] 截至 1958 年，瓜达尔人口仅为 2 万。随着城市化进程，瓜达尔镇的城市人口比例从 1981 年的 38.5% 增加到 1998 年的 54%。2017 年其城市人口达 16.1599 万人，占瓜达尔总人口的 61.33%。[③] 该地区平均每户有 6.6

---

① Niaz Ahmad, *Baluchistan*, Sang – e – meel Publications, 2011, p186.

② Gwadar-An Integrated Development Vision, IUCN Pakistan, Balochistan Programme, 2007, p5.

③ Pakistan Bureau of Statistics, Block Wise Provisional Summary Results of 6th Population & Housing Census – 2017, http: //www. pbs. gov. pk/content/block – wise – provisional – summary – results – 6th – population – housing – census – 2017 – january – 03 – 2018，最后登录：2019 年 12 月 15 日。

人。该地区女性占总人口的46.19%。[①]

城市化的进程，必然带动当地房地产业和建筑行业的发展，也必然吸引人员的流入。从世界历史来看，现代化和工业化是通向繁荣的必由之路，这个过程中也必然伴随发达地区人口涌向欠发达地区。此前，俾路支人也大量向卡拉奇、拉合尔等地区移民，其根本原因也是希望获得更多发展机会，例如约有23.9%的俾路支人并没有生活在俾路支，而是生活在其他地区，尤其是信德省。

瓜达尔的发展前景吸引了大量人口来该地区定居，除非出现不可预见的情况，该地区的人口在不久的将来大幅增加。来自俾路支其他地区的民众正在迁往瓜达尔城市中心和沿海地区。人口增长的历史性格局表明，瓜达尔地区1951年至1998年之间存在很大差异。人口的年均增长率仍低于全国平均水平（1972年和1998年除外）。1961年至1972年，人口增长率翻了一番以上，但又在1972年至1981年急剧下降。这些地区的年平均人口增长率波动似乎是不自然的，因为该地区在此期间没有太多移民，数据的异常或许是由于恶劣的自然环境不利于统计工作的开展，因此数据存在较大的偏差。

在地形上，瓜达尔呈条状，沿着海岸线伸展。鉴于这种独特的特征，沿海沿线农村和城市地区的大多数人口从事与渔业有关的经济活动。吉沃尼、瓜达尔、伯斯尼和奥尔马拉这四个城市地区以及大约35个人类住区都位于沿海。相反，由于缺乏经济机会，腹地人烟稀少。耕作主要基于高度不确定和不可靠的洪水灌溉，而稀少的植被和小牧场仅勉强维持。77个村庄中，人口占44%的不到500名，超过2000人的仅14%。这种广泛分散的空间分布格局对社会服务的提供和发展活动的实施产生了严重影响。

---

① Development Statistics of Balochistan 2016 - 17, BUREAU OF STATISTICS, PLANNING & DEVELOPMENT DEPARTMENT, GOVERNMENT OF BALOCHISTAN, p53 - 54.

一个国家或地区的发展与当地人口数量息息相关，大量外来务工人员涌入的城市或者青年人占多数的城市，一般能享受到两次人口红利，第一是低成本劳动力，第二是巨大的消费市场。过去几十年中国房地产市场之所以获得飞速发展，就是得益于巨大的人口红利释放出巨大住房需求，房地产业一度成为中国的支柱产业，并带动建材、银行等行业发展。

表 11　瓜达尔人口（1951－2017 年）

	1951	1961	1972	1981	1998	2007	2017
总人口	40630	49660	90820	112385	185495	221554	263514
增长率	–	2. 05%	5. 31%	2. 55%	2. 99%	—	1. 86%
城市人口	6168	18485	36881	43253	100150	119619	161599
农村人口	34462	31167	53939	69132	85350	101935	101915
城市人口占总人口的比重	15. 2%	37. 2%	40. 6%	38. 5%	54%	54%	61. 33%
人口密度	2. 7	3. 3	6. 0	7. 4	14. 7		20. 85
男女比例	无	无	无	112	115		116. 47

Sources：DCR 1998，Population Census of Pakistan；Development Statistics of Balochistan 2016－17，BUREAU OF STATISTICS，PLANNING & DEVELOPMENT DEPARTMENT，GOVERNMENT OF BALOCHISTAN. 2007 年数据来源于 *Gwadar－with focus on livelihood related issues*，South Asia Partnership－Pakistan，2009，p8.

二、瓜达尔地区的发展

发展瓜达尔是巴基斯坦国家发展的需要。俾路支是巴基斯坦发展较为落后的地区，其原因并非该地区没有资源。相反，俾路支是巴基斯坦国内自然资源最为丰富的省份，尤其是苏伊（Sui）油气田为巴基斯坦经济发展做出了重大贡献，而且瓜达尔海岸线丰富的渔业资源也成为促进俾路支发展的重要支柱。然而，俾路支仍是巴基斯坦发展相对比较落后的地区之一，根据巴基斯坦《经济统计年鉴 2018 – 2019 年》，俾路支地区识字率、教育预算、医院数量、医生数量等数据排名较低。这种反差造成当地民众不满，因此促进俾路支省的发展对于维护巴基斯坦的稳定、团结具有重要意义。

作为中巴经济走廊的端点之一，瓜达尔的发展为俾路支乃至整个地区的发展提供了历史机遇，主要体现在以下几个方面：首先，瓜达尔紧邻海湾地区，有潜力成为地区能源加工中心，这对于缓解巴基斯坦能源短缺、降低能源费用意义重大。其次，瓜达尔有望成为地区交通贸易枢纽，促进巴基斯坦经济发展。第三，瓜达尔开发对于巴基斯坦维护其沿海渔业资源和专属经济区权益具有重要意义。

公元 600 年左右，阿拉伯人征服了马坎兰地区，他们形容这里群山遍布、水源稀少、土地贫瘠、自然条件恶劣，数千年来也没有太大变化。瓜达尔真正的变化源于 2013 年中巴经济走廊的提出，项目启动后对于巴基斯坦发展的贡献有目共睹。首先，中巴两国领导人对发展瓜达尔高度重视。其次，2019 年 11 月新成立的中巴经济走廊管委会为瓜达尔相关项目顺利实施提供保障。第三，大量资本为瓜达尔发展提供基础。随着瓜达尔港区和自由区的开发趋于成熟，越来越多民营资本表现出对投资瓜达尔的兴趣，也将成为拉动瓜达尔发展的生力军。Imtiaz Rafi Butt 在其文中所说，中巴经济走廊为巴基斯坦新增 2.7 万兆瓦能源，解决了该国的电力短缺问题并降低工业和家庭消费成本。2013 年前，巴基斯坦有效生产的电力不到 1.4 万兆瓦。由于得到中国无私帮助，巴基斯坦才能实现这种不可能完成的指标。①

2019 年 3 月 1 日，巴基斯坦原瓜达尔港务局主席道斯汀·可汗·贾马蒂尼这样形容瓜达尔的变化：

5 年前，我来到瓜达尔唯一的星级酒店，门可罗雀，需要专门预约才能开门营业，而如今这家酒店热闹非凡、往来如织；三年前，到瓜达尔的航班一周只有一次，现在每天一次。瓜达尔的商业活动逐步繁荣，中国港控公司对瓜达尔地区的经济繁荣产生了巨大推动作用。②

（一）瓜达尔地区的发展规划

瓜达尔的发展模板是中国的深圳。30 年前，中国深圳也是一个小渔村，但目前已经成为现代化城市。瓜达尔深水港的大笔投资、瓜达尔国际机场的动工修建、瓜达尔自由区的设立，都显示着瓜达尔正处于即将快速发展的节点。卡普兰在其文章中称瓜达尔将成为未来的重要城市，巴基斯坦未来的发展取决于瓜达尔的发展。很明显，建设瓜达尔可以推动巴基斯

---

① Imtiaz Rafi Butt, *All roads lead to Gwadar*, The Nation, November 15, 2016, https://nation.com.pk/15 – Nov – 2016/all – roads – lead – to – gwadar，最后登录：2019 年 12 月 15 日。

② 中国经济网：“赛纳尔接替道斯汀担任瓜达尔港务局主席”，2019 年 03 月 02 日，http://intl.ce.cn/specials/zxgjzh/201903/02/t20190302_ 31600218.shtml，最后登录：2019 年 12 月 15 日。

坦向繁荣迈出一大步。未来的瓜达尔港将成为中亚、阿富汗等地区通向海洋最便捷、最高效的门户，也将促进地区国家与海湾国家之间的贸易和运输，有助于俾路支省发展成为航运相关产业、炼油、石化、出口加工区等工商业活动的区域中心。

1. 瓜达尔地区总体设想

从地理上看，瓜达尔地区的发展模式参照深圳，按照“港口 + 园区 + 城区”综合性开发的系统工程。据说，瓜达尔地区发展的落脚点是瓜达尔港的发展，贸易是核心，工业是目标，互联互通、农业、渔业是基础。瓜达尔城市发展呈现出东部为产业集中区，西部为生活居住区的布局。

中巴经济走廊项目发展聚焦产业建设，这也为瓜达尔发展工业提供了重大历史机遇。瓜达尔地方政府需要协调中央和地方之间的政策与关系，为瓜达尔自由区建设提供应有的便利，充分释放瓜达尔自由区的经济带动潜力。具体来说，首先，加快瓜达尔自由区建设，提升瓜达尔基础制造业水平，为当地经济发展提供工业基础；其次，通过中巴自贸协定第二阶段，扩大对中国的商品出口，增强当地商品在国际上的竞争力。

优越的地理位置，良好的深水港条件，以及新一轮的产业化转移浪潮为瓜达尔的加工贸易发展提供了机遇，瓜达尔港也成为通向阿富汗、中亚地区的理想门户。而传统的渔业加工基础，解决了当地 70% 人口的基本生计和就业机会，也为瓜达尔开展加工贸易发展提供方向。另外，临港能源加工、存储、运输也将是瓜达尔的发展领域。瓜达尔港有潜力成为该地区贸易的中转港。瓜达尔的海运价值不仅体现在霍尔木兹海峡，还体现在远离印巴海上易发冲突的海区。

与其他贸易通道相比，瓜达尔处于南亚、中东、中亚地区贸易的中心位置，是阿富汗、中亚等国通向印度洋的门户，向东通向印度、东南亚；向西通向中东波斯湾。海运、空运、陆运将构建连接中东、北非、中亚、南欧的立体交通网络，且这种地理位置本身就可以建成环瓜达尔经济圈。

就经济腹地而言，尽管目前俾路支的经济实力有限，但要看到，巴基斯坦是人口大国，人口已于2018－2019年超过2亿，而且随着经济的发展，其内部需求也越来越强劲，这对于港口发展也是一大利好。

瓜达尔所在的俾路支省因地理位置和民族分布，稳定是该地区最重要的目标之一。瓜达尔的发展不仅涉及当地的经济问题，还关乎安全与稳定。巴基斯坦、伊朗、阿富汗三个国家也涉及不同民族之间的关系。瓜达尔工业、贸易的发展将显著增加瓜达尔地方政府、俾路支省政府的财政收入，也将有更多的资源用于民生，赢得人民对巴基斯坦的国家认同，增强向心力。尤其是瓜达尔实现了贸易引导产业的目标后，将显著加快瓜达尔工业化进程，有助于该地区融入国际主流生活方式。

2. 巴基斯坦政府重视瓜达尔发展

瓜达尔地区的发展基础较为薄弱，发展是首要任务。根据帕莎和马利克（Pasha and Malik）1982 年统计，马坎兰地区在巴基斯坦46 个地区中排名42 位；1990 年统计排名中，瓜达尔在62 个地区中排名51 位；1996 年帕莎的统计分析中，瓜达尔在巴基斯坦94 个地区中排名79 位。

瓜达尔如果要成为区域性的贸易枢纽和经济中心，就应该按照高标准。对巴基斯坦来说，这也是中央政府和俾路支省政府承担的主要责任。随着中巴经济走廊的提出，巴基斯坦政府对于发展瓜达尔地区越来越重视。2018 年 9 月 6 日，巴基斯坦计划与发展改革部时任部长巴赫蒂亚尔（Makhdoom Khusro Bakhtiar）主持会议时强调，要给予瓜达尔激励机制，以便瓜达尔在该地区具有竞争优势。这位部长强调要确保为瓜达尔的工业和城市发展提供适当的水和能源需求。另外他也强调了瓜达尔港城安全的重要性。[①] 2019 年 1 月 16 日，巴基斯坦参议院海事委员会主席奴札特・萨蒂（Nuzhat Sadiq）率团视察瓜达尔港及自由区并召开专门会议，讨论和确定支持瓜达尔港和自由区发展的政策和法律问题。2019 年 9 月 16 日，俾路支省首席秘书阿斯加尔（Fazeel Asghar）到访瓜达尔港及自由区，了解港口与自由区发展情况和困难。

2019 年 7 月 3 日，巴基斯坦总理伊姆兰・汗出席俾路支省安全研讨会时表示，发展瓜达尔港赋予巴基斯坦在本地区的战略性意义，能够帮助俾省吸引更多外来投资、国际投资，促进中国制造业向瓜达尔转移，2019 年 10 月 7 日，巴基斯坦政府阿里夫・阿尔维总统签署并颁发瓜达尔自由区税收优惠政策法令。该法令依据《瓜达尔港经营权协议》，对原自由区税收政策中模糊、互相矛盾的条款进行了必要的修正和更改，落实经营协议中规定的税收优惠政策。这将为投资者创造良好的经商环境，解决自由区内

---

① The Nation, *Minister briefed on Gwadar Smart Port City Master Plan*, September 07, 2018, https://nation.com.pk/07-Sep-2018/minister-briefed-on-gwadar-smart-port-city-master-plan, 最后登录：2019 年 12 月 15 日。

投资企业享受23年关税、销售税、企业所得税等核心问题，也表明巴基斯坦政府开发瓜达尔的决心。

瓜达尔港务局是瓜达尔港口的管理机构，其使命主要包括：服务于所有类型的船只和货物；为巴基斯坦国内和本地区国家的贸易、工业和经济发展提供便利；为所有人提供高效、有用、有竞争力、透明、公平的服务；满足国内和国际客户的需求。[①]

巴基斯坦公共部门发展项目分配给瓜达尔的发展资金也出现变化：

帕莎和马利克通过对巴基斯坦联邦政府公共部门发展项目数据进行分析认为，政府对于俾路支的公共部门开支划分为两个阶段。以瓜达尔项目的实施为界，即2001年前和2001年后。作者认为，2001年后，公共部门发展项目显著增多（见表）。但是2010年后，俾路支分配资金占公共部门发展项目和巴基斯坦GDP的比重都有所下降，其主要原因在于巴基斯坦宪法18修正案通过后，之前由巴基斯坦联邦政府资助的项目，如劳动力、人力资源、司法、议会事务、地市政府、旅游、妇女发展、社会福利、特殊人群教育等都转由当地政府承担。

表12　公共部门发展项目（PSDP）涉及瓜达尔的项目金额统计[②]

（金额单位：百万卢比）

财年	PSDP 总额	涉及瓜达尔的项目金额（除去跨省项目）	瓜达尔份额（除去跨省项目）占 PSDP 的比重
1989 - 1990	63243. 651	39. 828	0. 063%
1990 - 1991	72494. 387	43. 928	0. 061%
1991 - 1992	73563. 193	6. 46	0. 009%
1992 - 1993	103728. 248	427. 429	0. 412%
1993 - 1994	102600. 817	265. 777	0. 259%

① Gwadar Port Newsletter, April-June 2017（Vol：02 Issue：02），p1.

② Kaiser Bengali, *A Cry for Justice*, Oxford University Press, 2019, p51 - 53.

续表

财年	PSDP 总额	涉及瓜达尔的项目金额（除去跨省项目）	瓜达尔份额（除去跨省项目）占 PSDP 的比重
1994 – 1995	787781. 988	269. 8	0. 034%
1995 – 1996	51311. 727	17. 85	0. 035%
1996 – 1997	68280. 59	4. 473	0. 007%
1997 – 1998	78343. 253	227. 645	0. 291%
1998 – 1999	88099. 595	12. 543	0. 014%
1999 – 1900	96786. 807	20. 309	0. 021%
2000 – 2001	80796. 7	47. 882	0. 059%
2001 – 2002	71081. 21	1025. 715	1. 443%
2002 – 2003	108398. 038	530. 692	0. 490%
2003 – 2004	123919. 991	3149. 083	2. 541%
2004 – 2005	160362	8265. 077	5. 154%
2005 – 2006	225023	5115. 378	2. 273%
2006 – 2007	299300	2765. 455	0. 924%
2007 – 2008	407829. 075	4940. 614	1. 211%
2008 – 2009	424522. 390	8046. 068	1. 895%
2009 – 2010	539971. 88	3741. 159	0. 693%
2010 – 2011	386313. 717	3028. 376	0. 784%
2011 – 2012	372747. 599	2643. 665	0. 709%
2012 – 2013	464097. 604	2063. 355	0. 445%
2013 – 2014	647722	1031. 012	0. 159%
2014 – 2015	656967. 41	3538. 128	0. 539%
2015 – 2016	874949. 981	12079. 579	1. 381%

巴基斯坦经济增长率由 2017 – 2018 财年的 5. 8% 下降至 2018 – 2019 财年的 3. 29%。由于相比上一财年困难，因此巴基斯坦开发性支出的总规模受限。2019 – 2020 财年巴基斯坦开发性支出分配大体遵循两个原则：一是区域发展均衡。巴基斯坦政府在开发重点选择上仍然选择向落后地区倾斜，以实现区域发展均衡。二是培育新的增长点。巴基斯坦在资金分配上倾向于向科技密集型、发展潜力大的领域投资。综合上述两个方面，2019 –

2020年财年，巴基斯坦政府、俾路支政府在发展预算方面给予瓜达尔更多机遇（见表13）。2019－2020财年，俾路支财政预算的外国项目援助中，涉及瓜达尔的有两个，一是瓜达尔地区小型发展项目，项目类别为外资赠款项目，2019－2020财年的配套资金额度为15.45亿巴基斯坦卢比。另外一个是瓜达尔地区和拉斯贝拉地区的民生项目，项目类别为国外贷款项目，2019－2020财年的配套资金额度为8.94亿巴基斯坦卢比。[①]

表13　2019－2020年俾路支发展预算中涉及瓜达尔地区的项目统计

	类别	项目名称	2019－2020 预算金额
1	畜牧业	在瓜达尔等地建立动物检疫中心	100,000,000
2	工商业	在瓜达尔等地建木船修理厂	70,000,000
3	运动和住宿	在齐拉特和瓜达尔建造青年旅馆	120,000,000
4	文化旅游	在瓜达尔及其周边的地区建能借阅的图书馆	10,000,000
5	互联互通	建设连接瓜达尔的CHAKULAI沿海高速	10,000,000
6	互联互通	建设从BABARSHOR到PEHRAG的经过伯斯尼的200公里公路	11,000,000
7	互联互通	建设瓜达尔地区从MAIN CHOWK到LALA HASSAN HOUSE的公路	12,380,000
8	互联互通	建设与CHAKULI沿海高速相连接的公路	15,000,000
9	互联互通	图尔伯特－伯斯尼建成柏油路	100,000,000
10	互联互通	建设经瓜达尔到奎达的PB－25公路	16,670,000
11	灌溉	瓜达尔受洪灾地区的灾害保护	10,000,000
12	灌溉	瓜达尔KANIRO大坝泄洪道	10,000,000
13	灌溉	在瓜达尔建SHENZANI储水坝	100,000,000
14	灌溉	吉沃尼县和桑泽县的水坝修水渠	10,680,000
15	灌溉	吉沃尼县和桑泽县的水坝修水渠可行性研究	80,000,000
16	中学	在瓜达尔等地建学校	14,000,000

① Balochistan Government, *Balochistan Budget White Paper* 2019－20, p23.

续表

	类别	项目名称	2019 – 2020 预算金额
17	中学	REH：AND B/W IN GBHS KULDAN 吉沃尼 & GGHS PISHUKAN & GBMS 奥尔马拉 GWADAR	12,000,000
18	健康	瓜达尔等地基本卫生单元建康复中心	15,000,000
19	健康	奥尔马拉等康复中心围墙	10,000,000
20	健康	升级 NALIAN 地区医院等项目	10,000,000
21	健康	伯斯尼医院综合体	50,000,000
22	健康	瓜达尔人民医院新楼	35,000,000
23	健康	瓜达尔肾病中心	25,000,000
24	健康	瓜达尔人民医院新楼	50,000,000
25	健康	吉沃尼人民医院	10,000,000
26	妇女发展	在奎达、胡兹达尔、瓜达尔等地建女性创业中心	30,000,000
27	妇女发展	瓜达尔、奎达等地建女性市场	25,000,000
28	妇女发展	在俾路支的地级市建女性招待所	150,000,000
29	能源部门	瓜达尔地区修建能源中转站	40,000,000
30	城市规划和发展	实施瓜达尔智慧港城总体规划	500,000,000
31	互联互通（国际援助）	铺设 GWARM 到伯斯尼的管道	369,600,000
32	健康（国际援助）	伯斯尼建有 50 个床位的医院	16,800,000
33	其他领域（国际援助）	瓜达尔、拉斯贝拉民生项目	1,976,260,000
34	联邦政府资助项目	第一阶段瓜达尔平安城市项目（50：50）	788,000,000
35	联邦政府资助项目	瓜达尔伯斯尼大坝项目（QA – 9058）	114,000,000
36	联邦政府资助项目	瓜达尔奥尔马拉大坝项目（QA – 9027）	1,100,000,000
37	联邦政府资助项目	重建瓜达尔大坝（QA – 9053）	214,251,000
38	联邦政府资助项目	瓜达尔智慧环境和清洁用水系统	100,000,000
39	联邦政府资助项目	瓜达尔东湾建分水墙	200,000,000
40	联邦政府资助项目	瓜达尔临时捕鱼点的修建（GR 0062）	172,044,000
41	联邦政府资助项目	瓜达尔供水设施（GR 9003）	1,000,000,000
42	联邦政府资助项目	瓜达尔发展管理局（商业计划）（GR 0047）	1,000,000,000
43	联邦政府资助项目	瓜达尔海水净化厂（GR 9005）	400,000,000
44	联邦政府资助项目	伯斯尼制鞋工厂	155,410,000
45	联邦政府资助项目	ZIARAT 镇的发展	100,000,000

（二）贸易对瓜达尔的经济引领

1. 贸易引领城市兴盛

没有国家是孤岛，不管它有多大。自古以来，除了政治和军事中心，大部门城市的兴衰都与贸易有关。在传统世界中，贸易所带来的红利也是巨大的，尤其是波斯湾地区的石油贸易。由于贸易主要是在城市中进行，因此，贸易所带来的红利大部分都由城市中从事贸易的商人或者企业获得。换句话说，就是贸易越发达，城市越繁荣。

贸易是双向的，瓜达尔贸易枢纽的作用，一方面将使其成为地区贸易以及货物的进出口枢纽，在经济上将“世界心脏地区”与印度洋地区连接。另一方面，瓜达尔也将促进巴基斯坦产品和资源的出口，这不仅会大大缩短中亚、中国对外贸易的运输线路，还可能改变世界航运版图和经贸格局。瓜达尔地区枢纽的打造，将会为企业和商人提供进军巴基斯坦市场、中东市场的机遇，从而促进该地区的富裕。当瓜达尔面向中亚、中国的贸易通道打通后，瓜达尔的周边市场不仅局限于南亚、中东地区的货物贸易、货物转运，其市场规模将显著扩大，规模经济的优势将得到进一步体现。

通过瓜达尔进行海上贸易运输成本低，而且能有效避免陆路贸易沿线可能后面遇到的民族、宗教、国家问题。不同的地区文化不同、法律不同、宗教不同，增加了大量的交易风险和交易成本，这也使得不同地区之间的贸易潜力难以充分挖掘，商品比较优势难以完全释放。

贸易带动城市发展。城市周边交通基础设施的完善，又反过来吸引沿线民众到瓜达尔等城市工作，加快了瓜达尔城市化进程，增加了瓜达尔地区与周边地区的连通性和贸易商机。

中国企业向南亚、中东进军，可以先以瓜达尔为先导市场和转运基地。巴基斯坦南北交通运输网有限公司负责人纳维德（Naveed）表示，巴物流运输行业（包括陆路运输、海运及仓储）每年缴税约 6.5 亿美元，对 GDP 贡献率达 0.38%。如果能够吸引中国 5% 的国际海运物流量，巴物流运输行业营收将达 60 亿美元，新增公司 9000 家，为地区创造约 40 万就业机会。①

中巴自贸协议第二阶段也为中巴贸易、巴基斯坦瓜达尔作为贸易港口提供机遇。2019 年 4 月 28 日，国家主席习近平在京会见巴基斯坦总理伊姆兰·汗，国务院总理李克强同日也会见了伊姆兰·汗。在两国总理共同见证下，商务部副部长兼国际贸易谈判副代表俞建华与巴基斯坦驻华大使马苏德·哈立德签署《中华人民共和国政府和巴基斯坦伊斯兰共和国政府关于修订〈自由贸易协定〉的议定书》。《议定书》核心内容是在原自贸协定基础上，进一步大幅提高两国间货物贸易自由化水平。《议定书》生效后，中巴两国间相互实施零关税产品的税目数比例将从此前的 35% 逐步增加至 75%。此外，双方还将对占各自税目数比例 5% 的其他产品实施 20% 的部分降税。该《议定书》的谈判历时 7 年之久，协定签署后就获得《黎明报》《新闻报》等众多巴基斯坦主流媒体的头版报道，也获得了巴基斯坦工商界人士的热烈好评，该协议对于中巴经济走廊下一阶段建设和中巴两国贸易自由化都具有里程碑的意义。该《议定书》中，中国对于巴基斯坦关注的皮革、面纱、水产品、服装等商品实施了关税减免，这也将进一步推动中巴之间投资、贸易的增长，促进两国间产业链的融合，提升两国企业在地区和全球产业链中的竞争力。2019 年 12 月 1 日，该协议正式

① 中华人民共和国商务部：《中国公司就瓜达尔港物流运输开发与巴公司签署备忘录》，2016 年 3 月 7 日，http://www.mofcom.gov.cn/article/i/jyjl/j/201603/20160301269597.shtml，最后登录：2019 年 12 月 15 日。

生效。

瓜达尔的定位是真正的国际化贸易城市，因此不能一味追求贸易顺差，应为地区贸易提供更好更便捷的服务，从而创造更多的贸易机会，进而带来更多贸易红利。这就意味着瓜达尔不仅要作为巴基斯坦商人和贸易企业进军中东、南亚、非洲市场的桥头堡，还要作为印度洋地区乃至地区外国家进军巴基斯坦、中亚市场的桥头堡。

2. 贸易引领产业发展

贸易所带来的不只是贸易红利，还有产业的升级和价值链的提升，从而带动整个地区、整个城市生产效率的提升。瓜达尔发展产业的另外一个好处是生产者获得的生产红利。落户于瓜达尔的企业具有成本优势，这种成本优势来源：第一，资源的比较优势，如瓜达尔的渔业、海洋经济等；第二，规模经济，如修船厂、贸易转运港等。

贸易在城市聚集会带来大量有关市场的信息，也会节约企业的运输费用，这使得企业愿意在城市周边设立加工厂并形成相关工业的产业聚集效应。随着城市贸易和工业的发展，这个城市的服务业必然提升。由于瓜达尔缺乏工业基础，因此前期进入瓜达尔自由区的工业企业最好选择产业链较短的产业，或者是出口导向型的产业、装配产业等。

与瓜达尔港相比，卡拉奇港、卡西姆港作为巴基斯坦主要进出口港的历史较为悠久。这两个港口带动卡拉奇成为巴基斯坦人口最多的城市和主要的工业基地，但与此同时，卡拉奇港及卡拉奇城市的土地资源、电力资源、环境资源等日趋紧张，经营成本明显上升，投资回报率明显下降，不少产业已经无利可图，这些企业都有寻找新投资机会的冲动，而瓜达尔则是产业转移、发展加工出口业的理想承接地。

瓜达尔作为地区贸易枢纽，不仅在于其地理位置，更重要的是要能为贸易提供更多的配套服务，如装卸、仓储、配送、会展、质检、金融、法律服务，还能够为相关的商业人员提供住宿、餐饮、通讯、教育、医疗等生活服务和文化服务。

瓜达尔港在巴基斯坦对外贸易中的作用逐步显现。2019 年 7 月 4 日，瓜达尔渔业协会秘书长尤纳斯率代表团访问瓜达尔自由区，双方就渔业合作、职业培训等交换了看法。2019 年，瓜达尔举行多次大型展销会吸引国际商品参展销售。瓜达尔至中东的商业航线已经开辟，瓜达尔港的吞吐量将得到大幅提升。

瓜达尔地区正处于工业化的前期，产业结构从传统的农业为主转为现代工业。考虑到产业基础薄弱，产业发展还是以农业、渔业为主，中远期条件成熟后逐步扩展到加工制造领域。待真正进入工业化发展阶段，可考虑从轻工业入手，发展农牧业产品深加工、日用消费品生产、纺织服装业、构筑瓜达尔地区的工业基础。

瓜达尔自由区则可以利用税收优惠政策，借鉴前店后厂的模式，大力发展出口加工产业，提升瓜达尔自由区在产业链上的价值，重点发展市场需求旺盛的临港产业，如石化、拆船、修船、建材加工、汽车零部件装配等。另外，瓜达尔自由区以临沂商城为依托，将瓜达尔建设成为商品展示、运输、仓储为主的商贸物流园区，鼓励做全球物流布局的中国公司到瓜达尔自由区布局物流网点，辐射巴基斯坦和西亚北非地区。

（三）互联互通

瓜达尔要发展强大的地区辐射功能，除了依靠其优越的地理位置外，交通基础设施网络化连接是基础。从经济学角度看，贸易网络的增加将显著提升网络效率，增加网络间贸易的可能性并提升贸易额。瓜达尔作为地区网络贸易的重要一环，将从地区贸易中分得更多贸易红利。因此，瓜达尔的基础设施网络是通达四方的公路、海运、航空等出行方式的集合体。

港口的生存能力取决于其腹地。基础设施的建设也解决了瓜达尔港经济腹地问题，扩大了瓜达尔地区经济辐射范围、进出口商品种类。2016 年底，一支由 60 多辆货车组成的运输车队从新疆喀什出发，历时半个月途经 3000 公里抵达瓜达尔。这趟旅程标志着喀什和瓜达尔首次通过陆路联通，同时证实了陆路货运成本和时间比海路有所减少。随后，载着这批货物的轮船从瓜达尔港扬帆起航，驶往中东和非洲。

只有瓜达尔基础设施项目不断完善，才能吸引越来越多的投资者。马坎兰沿海公路是增长贸易的主要道路。人们可以看到，随着商业活动的开展，规划人员留下了很多出口，以增加高速公路的通行使用效率。

瓜达尔港及其周边公路、航空、铁路等基础设施的互联互通带动瓜达尔经济发展，有助于瓜达尔建立现代工业，促进就业，并提供商业、贸易和投资机会。主要体现在：第一，惠及当地人民；第二，人员流动带来科技、技术流动，有利于当地人民更好融入世界。只要巴基斯坦有效执行建设内陆公路/铁路连接的计划，瓜达尔地区商业和服务发展活动预计将在未来 8 ~ 10 年内创造约 200 万个新工作机会，蓬勃发展的梦想就会实现。

1. 陆路联通

在区域经济发展中，交通基础设施往往发挥着基础性、先导性作用，而公路建设往往又是交通网的基础。因此，加快连接瓜达尔公路网建设对于发挥瓜达尔港口的功能，促进各种交通方式布局和衔接，实现资源的优化配置都具有重要意义。

无论是作为中巴经济走廊的一个重要端点，还是希望通过发展贸易提升工业化水平，都需要改善瓜达尔与其他地区的基础设施联通条件，其中陆路联通尤为重要。瓜达尔经俾路支西部地区通向奎达的公路建设等级较低，缺乏维护，未来需要更多投资并建立起有效的维护机制。2016 年 11 月，来自新疆的 60 多辆货车组成的车队经过 15 天抵达瓜达尔，标志着中巴经济走廊大动脉基本运营程度，瓜达尔港具备了承担地区交通枢纽的能力。

对内互联互通方面，2004 年开始修建的沿海高速公路将瓜达尔与卡拉奇等城市连接起来，也使得巴基斯坦沿海地区的互动交流有了便捷的渠道。然而，连接瓜达尔和卡拉奇的沿海高速公路并不能为瓜达尔港带来新的货源，因此建设连接俾路支北部地区及巴基斯坦其他省区的公路就显得尤为重要。M－8 公路的修建使得瓜达尔和信德省的 Ratodero 连接起来。该项目耗资近 230 亿卢比，历时 13 年，全长 893 公里，方便人员和物资通过瓜达尔港向巴基斯坦其他地区流动。2016 年 2 月 4 日，瓜达尔－Turbat－Hoshab 段正式贯通，巴基斯坦方面随后启动了奎达－胡兹达尔公路拓宽项目、Basima－胡兹达尔－Shahdadkot、Bella－Awaran 段公路建设。

另外，中巴经济走廊早期收获项目旨在解决巴基斯坦经济发展面临的两大瓶颈问题：能源短缺和基础设施落后。对瓜达尔而言，瓜达尔东湾快速路项目也显得尤为重要。中国为该项目提供无息贷款①，预估造价 140 亿巴基斯坦卢比，将把瓜达尔与马坎兰沿海高速连接起来，工程总长度为 18.98 公里②，计划于 2020 年 10 月竣工。届时瓜达尔港与卡拉奇、奎达、伊朗的陆路交通基本打通，瓜达尔港与新瓜达尔国际机场的人员和物资都可通过这条快速路向外运输。

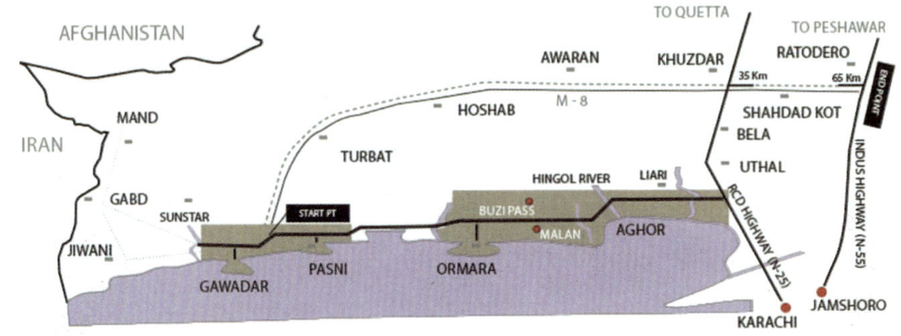

图 5　瓜达尔地区交通图

照片来源：Dawn，https：//www. dawn. com/news/1395462，最后登录：2019 年 12 月 15 日。

表 14　瓜达尔地区公路通车里程（公里）

	2011	2012	2014	2015	2016	2017
柏油路（Black topped）	289	331	345	369	369	391
砾石路（Shingle）	934	934	934	934	934	934
合计	1223	1265	1279	1303	1303	1325

数据来源：Communication & Works Department ，Government of Balochistan Quetta

① 中华人民共和国驻巴基斯坦伊斯兰共和国大使馆：《中国驻巴基斯坦使馆声明》，2018 年 12 月 29 日，https：//www. fmprc. gov. cn/ce/cepk/chn/zbgx/t1626098. htm

② Pakistan Economic Survey 2015 – 2016，p224.

表 15　瓜达尔注册机动车辆数量

	截至 2016 年 12 月 31 日	截至 2015 年 6 月 30 日	截至 2014 年 6 月 30 日	截至 2012 年 6 月 30 日
救护车	6	0	0	0
客车	5	0	0	0
送货车	1	0	0	0
吉普车	77	13	13	13
迷你卡车	2	2	2	2
汽车	36	1	1	1
摩托车	150	39	39	39
无盖货车	2	0	0	0
皮卡	309	72	72	72
双排座皮卡	23	23	23	23
黄包车	45	0	0	0
旅行车	71	27	27	27
拖拉机	23	8	8	8
卡车	2	2	2	2
运水车	3	0	0	0
合计	755	187	187	187

数据来源：由历年《俾路支发展统计年鉴》汇总。

2. 航空枢纽

航空是现代商人使用的主要交通工具，世界主要港口城市几乎都有一个繁荣的国际机场作为联动支撑，但瓜达尔距离主要城市较远。随着瓜达尔港城的发展，当地民众消费水平的提高，对于灵活、方便、快捷的航空运输需求会越来越大。从未来发展看，需要将瓜达尔建设成巴基斯坦的重要国际航空网络和枢纽。

瓜达尔新国际机场是中巴经济走廊框架下的重点项目，也是中国政府迄今为止最大的援外项目，总投资近 17 亿元人民币，建成后将显著改善当地的航空基础设施，将开通多条通向中东、中亚、巴基斯坦国内主要城市的航线，也将为旅游、商业等提供舒适安全的航空保障。瓜达尔新国际机场项目位于瓜达尔市东北方向约26公里处，规划面积约18平方公里，包括新建一条3658米的4F级跑道，建成后可以起降A380等大型客机。瓜达尔新建机场的设计和建设均符合国际民用航空组织（CIAO）标准，项目内容包括机场飞行区工程、航站楼工程、空管及配套公场，以及相应的清真寺、医院、海水淡化站、学校、职工家属区等设施。2019年3月29日，巴基斯坦总理伊姆兰·汗、中国驻巴基斯坦大使姚敬等人出席巴基斯坦瓜达尔新国际机场的奠基仪式。2019年5月5日，北京城建集团、中铁北京工程局集团有限公司等组成的联合体中标瓜达尔新国际机场项目，中标金额为14.2416亿元人民币，计划工期约36个月。2019年11月2日，巴基斯坦瓜达尔新国际机场项目正式进入施工阶段。

航空枢纽的建设有助于中巴之间进一步经贸往来。2019年9月，中远海运物流有限公司中标瓜达尔新国际机场项目中的工程散货及集装箱标段全程物流业务，这也是中远海运首次大规模参与中国援外工程项目。

在完成上述陆路连接以及新机场的建设后，瓜达尔将成为多式联运服务的枢纽。引入多式联运服务将大大降低内陆目的地的运输总成本，从而使其产品在国际市场上具有竞争力，也将有机会开展从瓜达尔到中东和南亚的空海联运服务。

（四）渔业和农牧业

1. 瓜达尔渔业

俾路支省海岸线长750公里，占巴基斯坦海岸线的70%，除了瓜达尔、奥尔马拉、伯斯尼、吉沃尼等传统渔港外，其海洋捕捞业具有较强的优势。瓜达尔地区的渔业捕捞量占俾路支的90%左右,[①] 但根据亚洲开发银行的评估，由于瓜达尔和伯斯尼港口都缺乏配套的基础设施和服务以及缺乏渔业深加工的现代化设施，至少30%的海洋捕获物被浪费。[②] 通过提升瓜达尔运输条件和瓜达尔港口的发展，经济战略可以建立联系，以支持发展并为渔业和当地经济增加价值。

渔业是瓜达尔地区的重要产业，当地很多人的生计都与此相关，如修船、运输、零售等。从发展蓝色经济、维护好海洋生态系统和合理开发海洋资源角度看，瓜达尔附近的海岸线具备良好的渔业捕捞、渔业养殖等条件，但受制于设备、专业化程度，当地渔业发展仍处于较低水平。例如，目前瓜达尔地区渔民捕鱼后保鲜措施仍是在船底铺上冰块，然后将鱼放在冰块上，这种会破坏鱼的表皮组织，大部分不符合出口标准。

根据过去几年公共部门发展计划的趋势，沿海地区的发展，特别是渔业部门，未能引起政府重视，并且没有优先考虑预算分配。尽管历届政府（包括省级和联邦政府）都提出了要求和承诺，但在渔业领域却看不到明显的进展。瓜达尔政府必须制定战略，以通过建立加工设施、提供先进技能以及鼓励渔民引进优质机动船和自动捕鱼设备来实现经济稳定[③]。

瓜达尔港对巴基斯坦开发渔业，开发其海洋专属经济区有重要意义。俾路支省沿海18万平方公里的专属经济区可能蕴藏丰富的油气和矿产资源。瓜达尔主要是捕鱼区，当地居民大多数也是渔民。以前从瓜达尔出发要在公路上两到三天的距离，约30%的鱼会在路上坏掉，每年损失达3亿

---

① 席芳，汪超，李俊星．‘一带一路’战略下的巴基斯坦瓜达尔港SWOT分析及发展策略．交通企业管理，2017（2）：3.

② Asian Development Bank, *Technical Assistance Islamic Republic of Pakistan: Balochistan Economic Report*, December 2005.

③ Balochistan Government, *Balochistan Budget White Paper* 2019 – 20, p6.

卢比。而瓜达尔港开发所带来的交通设施的改善则大大减少了渔民在交通上的损失，还可促进食品加工业、交通运输业和冷冻等行业发展。瓜达尔港及相关工程的建设对瓜达尔地区生机的影响可见一斑。2013 年以来，瓜达尔渔业得到更好发展，渔民的收入和生活条件业明显改善。

首先，巴基斯坦和中国对于发展瓜达尔地区的渔业给予更多的关注和支持。2019 年 10 月 23 日，中国驻卡拉奇总领馆向瓜达尔渔民捐赠渔业物资。2019 年 10 月 10 日至 15 日，瓜达尔渔业代表团访问福建，参观考察水产养殖、远洋捕捞、水产加工龙头企业，代表团成员包括巴基斯坦 R&R 渔业公司总经理 Abdul Basit Albaloshi、巴基斯坦瓜达尔渔厂总经理 Nagman、巴基斯坦金星海产品市场及销售部总监 Shah Akmal 等。中港控为了让当地居民能从渔业发展中获益，使他们适应渔业出口和海产品深加工带来的新挑战和需求，努力为当地居民提供设备齐全的渔船和操作培训。

其次，巴基斯坦瓜达尔与中国西部地区海鲜贸易逐步开展，潜力巨大。2017 年 3 月，新疆宇飞国际渔业有限公司落地克拉玛依。同年 5 月，该公司在瓜达尔港成立全资公司“中国宇飞海洋科技（瓜达尔）有限公司”，这也是在巴基斯坦证监会第一个获得营业执照的瓜达尔中国企业。该项目计划投资 5.1 亿元人民币，在瓜达尔港建立海产品冷冻车间、海产品深加工车间、海水淡化厂、制冰厂、包装厂和海洋科技研发中心，项目建成后将成为瓜达尔港最大的渔业中心。2017 年 5 月 19 日，来自巴基斯坦瓜达尔港的龙虾、北方长额虾、大黄鱼、黑石斑鱼等 16 个品种，1.5 吨海鲜首次出口至新疆，售价比目前市面上的同等质量海鲜便宜 10% ~ 20%[①]，也使瓜达尔告别了海产品“没人买、放不住、运不出”的历史。5 月 27 日，第二批来自瓜达尔的海鲜仅用 16 个小时就运抵新疆克拉玛依，

① 高荣伟. 瓜达尔港：承载着中巴合作共赢. 市场，2017（7）：6.

当地为此还专门举办了一场瓜达尔地区海鲜推介会。2019 年 11 月，来自卡拉奇的全货运包机降落新疆喀什，运来 10 吨来自瓜达尔的冰鲜水产品。新疆的海鲜大多来自中国的东部沿海地区，运输成本高、周期长、零售价格高，而来自瓜达尔的海产品，同等质量，可以便宜 20% 以上。

表 16　俾路支省沿海开发和渔业部主要职责①

1	俾路支省海岸的规划和开发、以及综合的海岸地带管理
2	海洋渔业
3	内陆渔业
4	与私营部门合作建立孵化场和示范农场，促进海洋和内陆水产养殖
5	根据农业气候条件提供所需种类的种子、鱼种和幼鱼，以促进内陆渔业发展
6	修复因过度开发和环境退化而受损的海洋和内陆水生态
7	介绍捕鱼、处理、加工和销售的最新技术
8	升级现有木船，以使其符合国际标准，并逐步将其替换为玻璃纤维船
9	建立和管理渔业市场
10	通过组建渔业部来控制拖网渔船的非法捕捞活动，维护当地渔民的利益
11	与国际和国家组织以及拉斯贝拉大学（Lasbela University）在渔业领域进行研究
12	拍卖河流、运河、湖泊、水坝、水库和其他水域的捕鱼权
13	渔船、鱼类加工厂、制冰厂、造船厂和修船车间的注册
14	签发海上捕鱼许可证
15	颁发运动钓鱼许可证
16	实施季节性捕鱼禁令
17	小型渔港的建设、运营和管理
18	开展有关渔业部门的培训课程
19	在沿海地区建立保护区、海洋公园和主题公园
20	在海上进行搜救行动，以挽救渔民的生命，并在船上和沿海岸线的渔业部办公室之间建立通讯系统
21	沿海岸线和阿斯托拉岛（Astola）发展旅游业

① The Balochistan Government Rules of Business, 17th December, 2012, As modified upto 29th January, 2019, Government of Balochistan, p65 – 66.

2. 瓜达尔农牧业

民以食为天，粮食是人类赖以生存的食物和营养来源，粮食安全关系到一个地区民众的健康指数和社会稳定。2018 年，联合国将巴基斯坦从低收入缺粮国家名单中移除，因为巴基斯坦已达到粮食净出口的标准。然而，瓜达尔地区的农业发展仍面临较大挑战。

瓜达尔地区土地总面积为 397494 公顷，其中耕作面积 178299 公顷（包括播种面积 2537 公顷，休耕面积 175762 公顷），未耕地 219195 公顷（包括可开发土地 29579 公顷，森林 7511 公顷，不可开发土地 182105 公顷，瓜达尔地区的库兰奇和达什特山谷均有大量未开发的土地）。尽管土地面积占据俾路支土地面积的 2.2%，耕作面积占俾路支耕作面积的 5.6%，但其播种面积仅占俾路支播种面积的 0.24%。[①] 该数据比例也与 2019 年发布的联合国关于俾路支干旱的报告中类似，“瓜达尔地区拥有一定数量的可耕地，但实际耕作面积较少”。[②]

瓜达尔地区的农业生产效率相比俾路支其他地区而言比较低，其主要原因之一是降水稀少，农业收成完全取决于种植季节的降雨量，灌溉设施和农业设备落后。[③] 联合国关于俾路支干旱的报告中显示该地区受干旱影响的人口占总人口的 30～55%。瓜达尔的灌溉农业取决于地下水资源和直接降雨，而这两种资源都很稀缺。在瓜达尔地区的大多数

---

① *LAND UTILIZATION STATISTICS OF BALOCHISTAN BY DISTRICT* –2016 –17, Development Statistics of Balochistan 2016 –17, BUREAU OF STATISTICS, PLANNING & DEVELOPMENT DEPARTMENT, GOVERNMENT OF BALOCHISTAN p5.

② Balochistan – Drought Needs Assessment（BDNA）Report, February 2019, p16.

③ Ghulam Murtaza Safi, Muhammad Sohail Gadiwala, Farkhunda Burke, Muhammad Azam and Muhammad Fahad Baqa, *Agricultural Productivity in Balochistan Province of Pakistan*, Journal of Basic & Applied Sciences, 2014 Volume 10, p294.

地区，特别是靠近城市的地区，管井是唯一的灌溉水源。从长远来看，在干旱地区通过抽取地下水来发展农业是不可持续的。尽管瓜达尔农业发展状况不乐观，但仍然为当地大多数人口提供了生计，这些人口依靠农产品来满足其营养需求。为缓解农业缺水状况，当地民众种植耐旱农作物、农作物间套种、减少种植面积、转换职业、滴灌等方式应对。当地农民面临缺水、缺高质量种子、缺化肥、缺农业生产工具等问题。① 瓜达尔畜牧业和家禽养殖也受干旱影响较大，不过《俾路支省畜牧业2020－2030年发展规划》发布为瓜达尔畜牧业的下一步发展建立了良好的基础。

瓜达尔机电井灌溉面积2537公顷，机电井数59个，这些机井中电力驱动的16个，柴油驱动的41个，太阳能驱动的2个。

农机方面，瓜达尔共有拖拉机215台，其中政府拥有11台，私人拥有204台。脱粒机8台，其中政府拥有0台，私人拥有8台。无收割机。推土机34台，其中政府拥有10台，私人拥有24台。

自伊姆兰·汗执政以来，中巴农业合作就成为中巴经济走廊框架下的主要合作领域之一，对巴基斯坦来其原因有三：一是农业在巴基斯坦国民经济中占据重要地位；二是农业是巴基斯坦的主要创汇来源；三是农业的生产技术落后。中国是巴基斯坦重要的农业贸易伙伴，尤其是第二阶段中巴自由贸易协议签订为中巴农业合作、瓜达尔海产品对华出口提供机遇。另外在农产品深加工、农业灾害防治、农产品联合品牌等方面也具有较大的合作空间。

① Balochistan－Drought Needs Assessment (BDNA) Report, February 2019, p22.

表17 2016－2017年瓜达尔地区农业发展统计[①]

瓜达尔地区粮食作物产量

• 高粱：2015－2016财年，种植面积63公顷，产量62吨。2016－2017财年，种植面积57公顷，产量56吨，同期，俾路支高粱总产量18190吨，瓜达尔高粱产量仅占俾路支产量的0.3%。

• 小米：2015－2016财年，种植面积57公顷，产量38吨。2016－2017财年，种植面积57公顷，产量38吨。

• 小麦、大麦、玉米、大米、洋葱、土豆产量为零。

瓜达尔地区水果类产量

• 柑橘：种植126公顷，收获620吨；

• 香蕉：种植17公顷，收获20吨；

• 番石榴：种植81公顷，收获434吨；

• 芒果：种植211公顷，收获603吨；

• 椰枣：种植1713公顷，收获8376吨，占当年俾路支产量的4.6%（180762吨）；

• 番木瓜：种植12公顷，收获8吨；

• 椰子：种植99公顷，收获640吨；

• 其他水果：种植65公顷，收获283吨；

• 杏仁、苹果、杏、葡萄、桃子、石榴、李子、樱桃无统计数据。

瓜达尔地区蔬菜类产量

• 秋葵：2015－2016年种植面积4公顷，产量16吨，2016－2017财年没有种植；

• 萝卜：种植面积3公顷，产量51吨；

• 菠菜：种植面积4公顷，产量49吨；

• 芜菁：种植面积2公顷，产量32吨；

• 卷心菜：种植面积5公顷，产量78吨；

• 胡萝卜：种植面积5公顷，产量78吨；

• 菜花：种植面积2公顷，产量33吨；

• 茄子：种植面积2公顷，产量10吨，2016－2017财年未种植；

• 香菜：种植面积2公顷，产量1吨；

• 西红柿、蚕豆、苦瓜、葫芦、南瓜、豌豆、甜菜（根）、黄瓜、辣椒、孜然、大蒜、西瓜、甜瓜产量为零。

---

① Development Statistics of Balochistan 2016－17, BUREAU OF STATISTICS, PLANNING & DEVELOPMENT DEPARTMENT, GOVERNMENT OF BALOCHISTAN p4－49.

表 18　瓜达尔地区畜牧业统计

	黄牛	水牛	绵羊	山羊	骆驼	马	骡子	驴	合计	家禽
2006 年	12344	51	18363	88901	1432	12	18	4052	125173	52893
2016 年	23812	131	21943	114753	1664	18	50	5147	167518	68201
2017 年	25430	144	22338	114787	1690	19	55	5272	169735	69957
占 2017 年俾路支总数比重	0. 55%	0. 016%	0. 143%	0. 754%	0. 377%	0. 02%	0. 319%	0. 859%	0. 452%	0. 895%

数据来源：《俾路支发展统计 2016－2017》和《俾路支社会经济指标 2016－2017》。

三、瓜达尔港的发展

巴基斯坦有1060公里的海岸线，但像瓜达尔这样的深水良港并不多，这也是为什么巴基斯坦特别重视瓜达尔港开发的原因。巴基斯坦希望瓜达尔成为该地区的物流和区域经济中心。目前，巴基斯坦主要港口只有两个，即卡拉奇港和卡西姆港。其中卡拉奇港处理巴基斯坦75%的海运量，卡西姆港处理巴基斯坦海运量的25%。然而，随着巴基斯坦经济的稳步发展，尤其是来自中亚、阿富汗经巴基斯坦的转运货物增多，卡拉奇港和卡西姆港的货物处理能力即将达到上限。巴基斯坦政府在多年前就已经对巴基斯坦是否建设第三个商业港口进行可行性研究，以便使该港口分担卡拉奇港和卡西姆港的货运量。经过研究和实地调研，瓜达尔从8个备选港口中脱颖而出（其余备选港口分别为Keti Bandar、Sonmiani、Hingol、Khor Kalmat、Ormara、Pasni和Jiwani）①。选择瓜达尔，一是瓜达尔战略位置重要，二是瓜达尔离卡拉奇有一定距离，三是瓜达尔具备通过发展带动俾路支省经济发展的潜力。瓜达尔港建成后，尽管其并不是巴基斯坦进口的唯一选择，但是它为巴基斯坦进口和贸易运输方式的多元化提供了一个新的选择。

瓜达尔港的发展是巴基斯坦政府的战略重点，也是在中国协助下开发的战略性温水深海港口。巴基斯坦在2014年发布的远景规划文件《巴基斯坦2025》中明确提出，中巴经济走廊是解决巴基斯坦能源危机及实现地区互联互通的重要举措。其中主要有四个合作领域，第三就是瓜达尔港的

① Fida Hussain Malik, Balochistan-A Conflict of Narratives, Lightstone Pulishers LTD, 2019, p177.

开发。在中方的建设下，瓜达尔港日新月异，不断焕发生机。

（一）瓜达尔港建设历程

瓜达尔港中心位置为北纬25°01′-25°49，东经62°37′-65°15′，瓜达尔港位于瓜达尔陆连岛北侧，该岛呈东西走向，长约13公里，最大宽度约3公里。其中，岬角四周为陡直山崖直伸海中，崖底基本没有海滩，海床面坡度介于1∶200～1∶400之间。瓜达尔港建在-2～-10 m的自然水深之间，海底表层沉积物以淤泥和粉砂为主。建港水域沙少、流弱，泊稳条件较好。瓜达尔港水深条件好，且水域开阔，其东面直接面临外海，距离15万吨级航道仅12公里。

从经济地理学角度看，瓜达尔是南亚地区枢纽港的最优区位。如果以瓜达尔为枢纽港，总的贸易距离最短。虽然瓜达尔港到东南亚各非枢纽港的转运成本都是最高的，但对于西亚、北非来说，无论以哪个港口为枢纽港，瓜达尔到任意非枢纽港的转运成本均最低。[①]

① 袁莉琳，季鹏.21世纪海上丝绸之路沿线区域枢纽港优化选择，经济地理，2017（11）：6.

1. 2013 年前的瓜达尔

1964 年，巴基斯坦决定建设瓜达尔港口。[①] 1971 年第三次印巴战争中，印军封锁卡拉奇港。这段历史让巴基斯坦记忆犹新，因此他们迫切希望建设第二座大港。1993 年，巴基斯坦政府正式提出发展瓜达尔港的设想。1994 年，瓜达尔项目发展原则通过了内阁执行委员会的审议。1995 年 12 月，巴基斯坦政府指示卡拉奇港信托基金为发展瓜达尔提供 10 亿卢比的支持。1996 年 2 月，巴基斯坦政府为瓜达尔深水港建设提供 20 亿卢比资金。1996 年 12 月，43 家企业提交建设瓜达尔一期项目的意向书。1998 年，巴基斯坦在没有招投标的情况下，在卡拉奇与美国福布斯公司匆忙签署共同投资开发瓜达尔港的备忘录。从备忘录的内容来看，福布斯公司在瓜达尔港拥有了建立自己的机场、卫星地面站、微波发射塔等超常规权力。协议内容的泄露引发了巴基斯坦国内大规模议论，最终导致项目流产。

1999 年穆沙拉夫总统执政后，巴基斯坦正式启动瓜达尔港项目。计划分两期：一期工程于 2007 年建成，包括三个多功能泊位、一个服务区泊位和一条深水航道；二期工程曾计划修建三个集装箱码头、一个散货码头、一个粮食专用码头、一个双侧油码头、一条进港航道、防波堤和相关陆上配套设施。2001 年 5 月，时任中国国务院总理朱镕基访问巴基斯坦，两国政府签订协议，确定瓜达尔深水港一期工程项目由中国政府援助建设。项目融资额为 2. 48 亿美元，其中中国政府提供无息贷款、无偿援助及出口信贷 1. 98 亿美元，巴基斯坦方面自筹资金 5000 万美元。瓜达尔一期项目由中国商务部主管、交通部协管。中国港湾建设（集团）总公司为

① 李仲，郭文宇. 瓜达尔的等待. 建筑，2015（13）：13.

总承包单位，中交第四航务工程勘察设计院为勘察设计单位，中交第四航务工程勘察设计院为监理单位，巴基斯坦方面业主为巴基斯坦瓜达尔港务局。

瓜达尔一期项目分为两个阶段，2002 年 3 月 22 日 –8 月 22 日为起步阶段，2002 年 8 月 –2005 年 1 月为项目具体实施阶段。瓜达尔一期工程建设内容主要包括新建三个总长 602 米的多用途主码头泊位（码头结构按 5 万吨集装箱船设计）、100 米的工作船泊位、4. 5 公里长的引航道、11. 5 至 12. 5 米的疏浚、直径 450 米的船舶调头区，主码头和工作船码头之间靠滚装船处设置的过渡段（69. 16 米 x45. 6 米）和一个作为滚装船靠泊用的斜坡道现浇墩台。

在建设现代化瓜达尔港的进程中，中国建设者克服了层层挑战。首先，瓜达尔地处荒漠边缘，昼夜温差大，淡水缺乏，对生产生活构成极大困难。其次，瓜达尔港建设中的主要建材都需要从外地采购，如主要施工设备、结构用料等需从中国进口，碎石、河沙、水泥等需要从卡拉奇采购，运输中还要克服运输距离远、路上交通条件差、海上不通航等困难。再次，项目在施工过程中还面临安全方面的挑战。2004 年 5 月 3 日，瓜达尔西湾发生了一起恐怖分子针对中方项目工作人员的路边汽车炸弹袭击事件，造成 3 名中方工程技术人员牺牲，多人重伤。即便接到撤退指令，中交四航局仍然坚持进行码头面层混泥土浇筑冒着生命危险继续建设瓜达尔港。同年 6 月 23 日，恐怖分子又在瓜达尔制造连环爆炸事件，其中一次爆炸发生在我方人员上班途中，所幸无人伤亡。2007 年 2 月 2 日，恐怖分子发射的火箭弹在中国港湾营地外爆炸，企图给中方人员造成心理恐慌。

2005 年，瓜达尔港项目完工，巴方瓜达尔市的行政长官、瓜达尔海军司令、瓜达尔港务局主席及监理、设计、总经理部等代表参加了庆贺仪式。建成后，瓜达尔港主码头的结构是钢管桩支撑的高桩板梁码头。每25米有系缆柱，一共有24个。此外，码头每隔13米设置一道橡胶护舷，共设有45道。进港的主航道宽100米，水深12米。中国港湾瓜达尔项目也因此获得鲁班奖。

2006年，巴基斯坦政府邀请了经验丰富的港口运营商并提供管理瓜达尔港口的机会。包括迪拜世界港口（DPW）、香港哈钦森、新加坡港务局（PSA）、两家沙特公司和一家巴基斯坦公司在内的6家公司提交了标书，中国公司选择退出正式竞标。经过仔细比对，瓜达尔港务局（GPA）与新加坡港务局的子公司特许经营控股公司（CHC）于2007年5月2日签署了协议，协议主要内容如下：

◆ 40年的瓜达尔港运营和管理租赁协议

◆ PSA未来五年将投资5.5亿美元用于港口发展。特许协议的实施区域包括码头和货运业务，海上服务和免税区开发。

◆ GPA将获得以下固定的收入份额：9%来自货运业务和海事服务。瓜达尔免税区业务的15%。

◆ 40年内，将不对在该地区进行开发工作和港口作业所要进口的机械和设备征税。

◆ CHC（港口经营者）将在20年内完全免除公司税。

◆ 瓜达尔港的运输线和船用燃油免税40年。

◆ CHC将在20年内完全免除所有地方和省级税收。

◆ CHC将接管目前提供602米泊位的码头区的市场营销和运营，并随着需求的增长，在特许期内投资和扩大泊位空间，最终扩至在4.2公里的区域内14个泊位。

◆ CHC运营的海上服务将包括引航、拖船、系泊、船舶交通控制、锚地管理和加油。

◆ GPA 将负责疏通引航道和港口以保持所需的深度。GPA 将提供所有水利安全和消防服务。

2007 年，瓜达尔作为巴基斯坦第一个深水港口正式投入运营，主要承担战略储备、设备运输和地区贸易枢纽等功能。时任巴基斯坦港口和船运部长的巴巴尔（Babar Ghauri）称，这标志瓜达尔港建设的第一阶段已经结束，未来五年将是瓜达尔港第二阶段的建设期。瓜达尔港将为巴基斯坦的航运活动注入新的活力，不仅促进与海湾国家的贸易和运输，还提供集装箱货物的联合运输、释放腹地的发展潜力，未来将成为主要贸易和商业活动的区域枢纽。①

2008 年 3 月 15 日，瓜达尔港迎来“Pos Glory”号加拿大货轮。该货轮停靠并卸载了 5.2 万吨小麦，成为第一艘在该港口抛锚卸货的船只。然而，在新加坡公司的运营下，瓜达尔港的发展并未达到巴基斯坦的预期。2008 – 2014 年，瓜达尔港仅有 570 万吨进口货物，且基本上都是政府通过巴基斯坦贸易公司进口的尿素和小麦。这些货物抵达瓜达尔港后再通过高速公路运至卡拉奇，瓜达尔港始终没有发挥潜力。②

2. 2013 年后的瓜达尔

受经营不善、配套设施投资不足、外部安全状况欠佳、巴基斯坦西部地区经济腹地不足等因素影响，瓜达尔港自 2008 年 3 月投入商业运营以来并没有达到预期效果。2013 年 2 月 18 日，巴基斯坦政府正式将瓜达尔港

① Gwadar port opens today, Dawn, March 20, 2007, https://www.dawn.com/news/238189

② Leithian. 神秘的瓜达尔初露面纱. 海洋世界. 2015：10 – 15.

的运营权交付中国海外港口控股有限公司（COPHC，简称中港控）[①]。这体现出中国对于巴基斯坦经济的支持，也体现出巴基斯坦对中国的信任。正式接手瓜达尔港后，中港控对港口设施进行了修复升级，安置了港口起重机械，设立了港口发电系统和海水淡化厂等设施。为吸引更多货船停靠瓜达尔港，培育瓜达尔海运市场，中港控还实施了免收滞港费、免收3个月货物存储费、降低港杂费用、提供陆路运输服务等多项优惠措施。[②]

2015年4月，习近平主席在访问巴基斯坦期间提出了“1+4”布局，瓜达尔成为中巴经济走廊的重要支柱。中巴签订了51项合作协议和备忘录，涉及瓜达尔的就有8项，其中包括瓜达尔港东湾高速公路、瓜达尔港防波堤建设、锚地疏浚工程、瓜达尔港国际机场、自贸区基建建设、液压天然气接收站及管道、医院等配套设施建设等。另外，瓜达尔港自贸区的开发也将成为重点项目。从瓜达尔港基点开始30公里内为免关税自贸区，激励机制包括20年免企业所得税、免贷款印花税、销售税和当地地方税款，40年内对用于自贸区建设所需材料或设备进口免进口关税和销售税。

2015年11月，巴基斯坦政府和中港控签署300公顷土地租让合同。2016年11月13日，瓜达尔港正式开航。巴基斯坦时任总理谢里夫及巴基斯坦军政高层出席了开航仪式，见证了中远海运集团“中远惠灵顿”轮从瓜达尔出发，将来自中国新疆喀什的货物运往非洲和中东。巴基斯坦《黎明报》称，“随着瓜达尔港正式启用，中巴经济走廊正逐步梦想成真”。[③]2017年8月13日，在国务院副总理汪洋、巴基斯坦代总理沙希德·卡

---

① 中国海外港口控股有限公司（COPHC）是一家在香港成立的公司，下辖中国港控（巴基斯坦）公司、瓜达尔码头公司、瓜达尔海事服务公司和瓜达尔自由区公司。

② 张任重．瓜达尔港：中巴经济走廊的璀璨明珠．中国中心企业，2018（10）：71.

③ 图志：“中资瓜达尔港开航”，《中国外汇》，2016年12月1日，第7页。

坎·阿巴西的见证下，中国重型汽车集团与中港控、巴基斯坦瓜达尔港务局正式签署战略合作框架协议，推动中国重汽国际化发展战略，开展国际产能合作，全面开拓巴基斯坦市场及辐射中东等市场。①

2018 年2 月，中国海外港口控股公司（COPHC）宣布瓜达尔自由贸易区第一期工程开幕。从事旅馆、银行、物流和鱼类加工等行业的约 30 家公司进入了自由贸易区，直接投资约为 4.743 亿美元。全面运营后，瓜达尔自由贸易区预计年产值 7.905 亿美元。2018 年 3 月，中远海运集装箱公司开辟瓜达尔 - 中东的航班，从根本上帮助瓜达尔摆脱了“有船无货，有货无船”的局面。

巴基斯坦对于瓜达尔的发展也提供政策上的支持。2019 年 10 月 8 日，巴基斯坦联邦海洋事务部部长扎伊迪（Ali Haider Zaidi）宣布，巴基斯坦政府同意向中国海外港口控股有限公司提供为期 23 年的安装机械及其他设备的免税政策。这也是吸引中国制造业企业搬迁至瓜达尔的重要举措。

① 汽车信息：“中国重汽集团与中国港控公司、巴基斯坦瓜达尔港务局正式签署战略合作框架协议”，《重型汽车》，2017 年，第 1 页。

（二）瓜达尔港发展特征

以港带城，以城兴港。从定位看，瓜达尔港是中巴经济走廊的出海口、班轮航线的中转港、中亚国家的海运通道及巴基斯坦西部经济发展的支撑。因此，贸易是瓜达尔港发展的重要带动力量。近年来，随着瓜达尔港配套设施的完善，各方也对瓜达尔港的前景看好。

1. 积极打造贸易枢纽

瓜达尔港目前建有3个2万吨级多用途泊位（结构预留5万吨级），后方堆场达14万平方米，可供货物堆存转运。瓜达尔港已经能够处理多种类型的货物，如集装箱、散货、杂货和滚装汽车等。

2017年3月3日，瓜达尔国际码头有限公司（GITL）与巴南北交通运输网有限公司（NSTN）签署谅解备忘录，GITL向NSTN提供土地以方便其建设储藏仓库。2018年3月7日，中远海运货运开通“卡拉奇－瓜达尔－中东快航”，计划在瓜达尔港码头停靠，打通了瓜达尔与世界其他港口的连接，标志着瓜达尔港集装箱定期班轮航线正式开通。通过该航线，瓜达尔出口海鲜、进口建材。2019年10月15日，巴基斯坦商务部和联邦税务总局正式发函，宣布所有阿富汗的进出口货物均可通过瓜达尔港以集装箱的方式运行，并派驻瓜港团队管理。这标志着瓜达尔港已经成为阿富汗新的出海通道，将大幅度降低阿富汗进出口货物成本，提升物流运输效率，对阿富汗和平稳定与经济发展起到巨大的推动作用。此举将积极为广大阿富汗进出口商提供全方位服务，为阿富汗及整个地区的社会稳定和经济发展做出贡献。

瓜达尔港已与中国多个港口开展合作：

第一，瓜达尔与青岛港的合作。为落实好习近平主席有关建议，推进瓜达尔港的开发建设，2015 年 4 月，青岛市副市长刘明君率领市商务代表团出访巴基斯坦，与巴基斯坦就加强青岛港与瓜达尔港之间的战略合作进行会谈，并签署友好港口协议。根据协议，青岛港和瓜达尔港将充分发挥作为中巴经贸联系窗口的作用，促进两国间的货物贸易和物流通道建设。另外，双方还将建立港口信息交流机制，开展信息技术交流合作。

第二，瓜达尔港与珠海港的合作。2015 年 10 月，珠海市与瓜达尔市就瓜达尔港建设签署 4 项合作协议和友好港口协议。双方将在产业合作、国际物流、国际商贸等方面开展全方位的合作，双方也将享有项目优先合作的权力。另外，珠海港控与中海港控签署65 亿元的港口建设协议。双方在港口合作、货源提供、物流仓建设、人员培训、航线开拓和信息平台组建等方面开展全面战略合作，推动贵广－南亚国际物流大通道的建设及中国珠港澳地区与巴基斯坦瓜达尔相关地区的政府、行业及企业的深层次合作，为大西南地区搭建起一体化的出海通道。此外，中港控与珠海华发集团签署合作建设中国商品展示交易中心的协议。中国商品展示交易中心集展销、保税仓储、国际采购、中转、配送、流通性加工和通关等服务功能。[①] 该项目位于瓜达尔港西侧，占地面积 25 万平方米，项目金额 10 亿元。

第三，瓜达尔港与天津港的合作。2018 年 1 月，瓜达尔港与天津港签署《港口合作备忘录》和《港口合作框架协议》。天津港派出轮机长、拖轮船长对瓜达尔港设备进行检修，并对人员进行培训。

2. 瓜达尔港的进出口

瓜达尔港是巴基斯坦战略暖水港、深水港，一期工程于 2007 年 3 月竣

① 崔晓萌．珠海港与中海港控签下 65 亿元大单．珠江水运，2015（22）：45.

工。2008 年 12 月，巴基斯坦经济协调委员会（ECC）决定所有大宗货物，如尿素、小麦、煤炭都应该经瓜达尔港进口。因此，在 2011 年之前，瓜达尔港处理的货物主要是小麦和化肥。巴基斯坦停止小麦进口，瓜达尔港的主要进出口物资仅为化肥。

自 2008 年至 2015－2016 财年，瓜达尔港已经处理了 632.9 万吨的大宗货物，共计 175 船。其中通过瓜达尔港进口小麦 26 船，共计 96.3609 万吨；进口尿素 150 船，共计 536.6003 万吨[①]，具体如下：

2007－2008 财年，63600 吨；2008－2009 财年，1496500 吨，2009－2010 财年，1261800 吨，2010－2011 财年，476000 吨，2011－2012 财年，1426000 吨，2012－2013 财年，507600 吨，2013－2014 财年，649000 吨，2014－2015 财年，438900 吨，2015－2016 财年，50600 吨，2016－2017 财年，80400 吨，2017－2018 财年，24100 吨。[②]

从目前瓜达尔港的进出口数据看，瓜达尔并没有在地区贸易中扮演重要角色。巴基斯坦三大港口年吞吐量达 1 亿吨，其中瓜达尔港不到 1%。未来，随着瓜达尔自由贸易区的开发与运营以及入驻企业的经营正常化，随着瓜达尔融入地区贸易网络连接巴基斯坦旁遮普等地基础设施，随着瓜达尔地区工业发展和进出口商品结构优化，瓜达尔港往来货物的种类和数量也会进一步增长。而且，相比于卡拉奇或卡西姆港，瓜达尔港的优势明显：卡拉奇港由于邻近市区，限制了港口的发展；卡西姆港位于内河，航道较长，维护资金较大。

无论是货物的进出口还是地区之间的货物中转，瓜达尔都应该与该地

① Pakistan Economic Survey 2015－2016, p223.

② Pakistan Economic Survey 2018－2019, p158.

区其他港口开展合作。2018 年 6 月 14 日，俾路支省督阿查克扎伊表示，瓜达尔港和恰巴哈港相互协作将有效促进地区贸易和巴伊关系。2019 年 5 月 25 日，伊朗外长扎里夫访问巴基斯坦，双方就恰巴哈港和瓜达尔港之间的联通问题进行了探讨。瓜达尔港务局新任主席纳赛尔·汗·卡沙尼（Naseer Khan Kashani）在媒体交流会上也表示："恰巴哈港（对瓜达尔港）没有任何挑战。"卡沙尼认为，瓜达尔的战略位置、中国投资的专业性以及中巴两国的友谊都是瓜达尔港发展的有利条件①。尽管恰巴哈港的航运条件不如瓜达尔港，但连接前者的交通基础设施更优。因此，连接瓜达尔港和恰巴哈港的交通网络将使二者形成优势互补、共同发展的格局。

3. 瓜达尔港前景看好

开发一个贫瘠地区需要大量的资金投入，这对于经济实力尚不发达的巴基斯坦来说，项目过于庞大。因此，瓜达尔港的建设需要国际联合开发。巴基斯坦政府希望通过发展瓜达尔来吸引更多的海外资本投资。2018 年 12 月，巴基斯坦俾路支首席部长贾姆·卡迈勒·汗（Jam Kamal Khan）在俄罗斯出席上海合作组织地区论坛时也表示，中巴致力于将瓜达尔打造成为连接中亚的走廊，他欢迎各国的投资者在瓜达尔投资，提升俾路支省的经济实力。②

瓜达尔的改变也在吸引着越来越多的投资者，沙特阿拉伯、阿联酋、卡塔尔等国际社会对于瓜达尔地区的发展也更加肯定。2018 年 9 月 27 日，巴基斯坦总理商务投资顾问达乌德称，沙特高级代表团访巴，探讨在瓜达尔港建设石化工业园等项目。2019 年新年伊始，沙特政府高级代表团连续

---

① 华商报："瓜达尔港务局主席：瓜达尔港需要 20 至 25 年的时间来发展"，2019 年 5 月 3 日。

② Dawn, Gwadar port may be gateway to landlocked Central Asian states, says Balochistan CM, December 06, 2018, https://www.dawn.com/news/1449772，最后登录：2019 年 12 月 15 日。

访问瓜达尔港，体现了沙特政府对开发瓜达尔的浓厚兴趣。2019 年 1 月 2 日，沙特阿拉伯驻巴基斯坦大使纳瓦夫·赛义德·马利基（Nawaf Saeed Al – Maliki）率领代表团对瓜达尔港和瓜达尔自由区进行商务考察，并与中港控董事长张保中、瓜达尔发展局、瓜达尔港务局以及瓜达尔地方行政举行会晤。马利基大使表示，沙特阿拉伯计划在瓜达尔建设大型的炼油厂，也愿意参与瓜达尔的各项产业发展项目，沙特有意向中巴经济走廊投资 90 亿美元，与中国一道把瓜达尔打造成为印度洋上的明珠。[①] 1 月 12 日，沙特阿拉伯能源、工业和矿产大臣哈利德·阿卜杜拉基·阿·兹法利赫阁下（Khalid Abudlaziz D. Al – Failih）率沙特政府代表团分乘 6 架私人飞机访问瓜达尔港及自由区。沙特能源、工业和矿产部顾问艾哈迈德·哈马迪（Ahmed H. Ghamadi）、沙特阿美公司 CEO 阿卜尼安·伊布兰哈姆·卡西姆（Al Buanian Ibrahum Qasim）陪同访问。中港控董事长张保中作为主接待单位负责人全程参加有关活动。法利赫阁下表示，瓜达尔港优越的地理位置、巨大的市场决定了其拥有巨大的发展潜力，沙特政府希望各方共同努力，将瓜达尔打造成集物流、工业、矿产、石油及食品安全等多领域发展的国际化港口城市。2 月 17 日，沙特王储兼副首相、国防大臣穆罕默德·本·萨勒曼访问巴基斯坦，计划投资近百亿美金，在瓜达尔建设炼油厂。

瓜达尔也积极向国际社会介绍瓜达尔的发展历程。2018 年 9 月 20 日，日本商业代表团会见巴瓜港港务局主席贾马蒂尼和瓜达尔港开发署负责人萨加德，表示愿在瓜港投资房地产、旅游、海滩开发等。2019 年 4 月 24 日，法国参议员代表团赴瓜达尔等地访问。2019 年 5 月 10 日，英国少将约翰·克雷格·劳伦斯率英国皇家防务学院代表团访问瓜达尔港及自由

① 中国经济网：“沙特驻巴大使：将与中国一道将瓜达尔打造成印度洋上的明珠”，2019 年 01 月 03 日，http：//intl. ce. cn/specials/zxgjzh/201901/03/t20190103 _ 31170661. shtml，最后登录：2019 年 12 月 15 日。

区。2019 年 10 月 25 日，来自中国、阿富汗和巴基斯坦青年外交官能力建设培训班的 37 名学员访问瓜达尔港和自由区。

巴基斯坦国内工商金融巨头也认可瓜达尔港的前景。2019 年初，巴基斯坦阿斯卡里银行总裁 Abid Saltar、巴基斯坦阿里夫·哈比卜集团有限公司董事长 Arif Habib、希迪逊集团有限公司董事长 Tariq Rafi、多姆门集团有限公司董事长 Nadeem Raiz 及巴基斯坦工商联合会前任会长 Khalid Tawab 等先后到瓜达尔港及自由区考察。通过考察，哈比卜集团计划在瓜达尔自由区对化肥、水泥及钢铁等行业进行投资，并希望结合瓜达尔自由区政策优势和地缘优势创造出更多商机。阿斯卡里银行则已在瓜达尔市区设立了两家分行。

（三）瓜达尔自由区建设

瓜达尔自由区位于瓜达尔港的北部，紧邻瓜达尔市，以瓜达尔港为依托，利用港口的现有设施，重点发展商贸物流、仓储、金融、加工贸易等产业，这也是巴基斯坦国内第一个自由区。

1. 瓜达尔自由区建设概况

瓜达尔自由区分四期开发，一期自由区起步区 25 公顷，以码头为依托发展商贸物流，已有 4 家工厂、2 家展览中心、2 个仓储中心、1 个一站式服务中心。自由区二期至四期 898 公顷。瓜达尔北区为加工制造区，分三期开发，主要发展日用品及小家电制造、石材加工、机械维修及船舶拆卸、渔业深加工等产业，另外利用自由区的免税政策发展保税物流。瓜达尔自由区商务中心位于瓜达尔一期起步区，用地面积 1.036 万平方米，商务中心东面是瓜达尔港区，北面拟建综合会展中心。

巴基斯坦政府于 2015 年 11 月 11 日正式向中国海外港口控股有限公司移交瓜达尔港自贸区 300 公顷土地（约 9.23 平方千米）的使用权，租期 43 年。2016 年 9 月 5 日，瓜达尔自由区启动仪式在巴基斯坦瓜达尔市举办，这也标志着瓜达尔港建设进入到了一个新的发展阶段。

巴基斯坦政府高度重视瓜达尔自由区软环境建设，为了鼓励国内外投资者前来投资，巴基斯坦政府特别针对能源、税制等国内投资短板，专门出台利好政策鼓励投资。入住瓜达尔自由区能享受到的主要优惠政策：外国投资者 100% 所有权；23 年免税期；企业建设及运营所需物资免进口税；建设用地最高 99 年租期；灵活签证制度，另外在办公、厂房、库房、公司注册等方面自由区也提供一站式服务。

截至 2017 年底，瓜达尔自由区已建设成集道路交通、水电通讯、安全防护、垃圾处理等功能与一体的现代化园区。自由区的招商工作原计划 3 年完成，但实际上仅用了约一年时间就完成。自由区起步区吸引了酒店、银行、保险、金融租赁、物流、海外仓储、粮油加工、渔业加工、家电组装等行业的 30 余家中巴企业，直接投资额达 30 亿余人民币，全部投产后，预计年产值将超过 50 亿元人民币，为当地创造 2000 多个就业岗位。

2018 年 1 月，中国发展改革委对中国交通建设集团有限公司投资建设瓜达尔港自由区一期工程综合服务中心项目予以备案。同月，瓜达尔自由区举办开园仪式暨 2018 国际商品展销会，吸引了涵盖银行、物流、加工制造等领域的几十家企业入驻。2 月 2 日，哈比银行有限公司在瓜达尔自由贸易区开设分行，是唯一在瓜达尔和中国设有分行的银行。另外，巴基斯坦联合银行（UBL）以及巴最大保险公司 EFU 等金融机构都在港区设立分行。

自由区产业涵盖基础设施和商务建筑、集装箱货运站、仓库、集散和物流中心以及加工和制造工业，其优先发展产业如下：农业加工；渔业加工；大理石加工；轻工业组装；清真食品；冷藏/冷链物流；休闲服务；金融服务；技术培训；集装箱堆场；仓储；国际采购；运输分销；包装/贴标；拆装业务；转运；组装业务等。

瓜达尔自由区比较有潜力的投资领域：鱼蟹加工；冷库和制冰厂；油棕种植；海洋维修车间；结算和转发机构；医院和诊所；虾类养殖；水上运动中心和娱乐设施；仓库；造船；储油罐车。

自由区在招商引资中强调环保。瓜达尔地方政府及瓜达尔自由区通过加大对劳动密集型产业、加工业招商引资力度，不断提升瓜达尔自由区的承载力及服务效力，促进商贸物流业及服务业发展，以就业为目的抓好第二、第三产业。与此同时，要进一步抓好环境保护工作，进一步抓好营商环境建设，提高服务效力。由于电动车有助于环境保护，可以减少燃油车对环境的污染和温室气体的排放，而且还可以促进瓜达尔地区汽车业发展，增加当地就业机会，因此 Jolta 电动车公司主席阿基姆成为了第一个在瓜达尔自由区投资办厂的巴基斯坦商人。另外，食品加工也是自由区招商的一个方向，名为 Midtrans 的食用油生产企业也已决定在瓜达尔投资建厂，其产品面向巴基斯坦国内和国际市场。

从未来发展来看，瓜达尔自贸区将充分发挥政策优势，减少税收成本，加快物流集散，建设配套产业及工业。

2. 举办国际会议和博览会

仅仅几年，瓜达尔从一个落后渔港发展成为可以举行大型国际会议的都市。巴基斯坦瓜达尔自由区开园仪式暨瓜达尔 2018 国际商品展销会、亚洲议会大会、第二届国际商品展销会、瓜达尔矿石·大理石博览会等国际会议、展销会的召开，显著提升了瓜达尔自由区的国际影响力，为当地带来更多商贸机会，也促进了当地民众与其他地区人民之间的交往。

2018 年 1 月 29 日，巴基斯坦瓜达尔自由区开园仪式暨瓜达尔 2018 国际商品展销会在瓜达尔自由区起步区内举行，这也是瓜达尔历史上第一次大型展会，标志着园区正式投入运营，巴基斯坦时任总理沙希德·哈坎·阿巴西、中国驻巴基斯坦大使姚敬等政要出席，展现出中巴两国政府高度重视、民众参与度高、成果丰硕等特点。瓜达尔国际商品展销会也获得了中国、巴基斯坦、伊朗、阿富汗、沙特、阿曼以及其他国家和地区商界人士的热烈响应。原来计划的 100 个展位已经增加到 150 多个，申请参展商人数超过 5000 人。

2018 年 10 月 29－31 日，亚洲议会大会在瓜达尔召开，来自世界各国的议会领导人齐聚瓜达尔，探寻亚洲各国和平发展之路，巴基斯坦参议院主席桑吉拉尼出席。10 月 30 日晚，巴基斯坦俾路支省政府在瓜达尔自由区举办文艺晚会，巴基斯坦代总统、参议院主席萨迪克·桑吉拉尼、亚州议会联盟秘书长瑞扎·马吉德、中国全国人大常委会委员、外事委员会委员陈福利及土耳其、沙特等 26 个国家议会领导人，当地陆军、海军及社会各界人士 500 余人享受这场文化盛宴。

2019 年 3 月 28 至 29 日，第二届瓜达尔国际商品展销会在自由区商务中心成功举行。巴基斯坦总理伊姆兰·汗、陆军参谋长卡马尔·贾韦德·巴杰瓦、中国驻巴基斯坦大使姚敬等众多中巴政府官员、商界领袖参加活动。展销会吸引了来自中国、巴基斯坦、伊朗、阿富汗等国200多家企业参展，累计观展人数超过25000人次。参展企业涵盖物流、金融、纺织、农业、房地产、建材、汽车、五金、服装、食品加工、园林绿化等数十个领域，其中巴基斯坦本地企业超过七成。

（四）中巴经济走廊与瓜达尔发展

巴基斯坦是中国的全天候战略伙伴，在中国外交中享有特殊地位。中巴经济走廊也是新时期中巴合作的重要平台，是中国连接南亚三条经济走廊中进展最快、成效最明显的经济走廊。作为中巴经济走廊的端点，瓜达尔的发展深受关注。

中巴关系是瓜达尔发展的政治保证。巴基斯坦是中国唯一的“全天候战略合作伙伴”，也是中国“一带一路”倡议中的重要支点国家，是与中国山水相连的好邻居、好伙伴、好朋友、好兄弟。2013年，李克强总理访问巴基斯坦提出建设中巴经济走廊的设想，得到巴方的积极相应和支持。2015年，习近平主席访问巴基斯坦，两国领导人一致同意构建“1+4”的经济合作布局，中巴经济走廊进入全面建设阶段，瓜达尔港建设也成为中巴经济走廊的重点之一。截至2018年底，中国已成为巴基斯坦第一大贸易伙伴、第一大进口来源地、第一大外商直接投资来源地和第二大出口目的地，同时，巴基斯坦也是中国在全球最重要的工程承包市场之一和在南亚最大的投资目的地。[①]

① 商务部国际贸易经济合作研究院，中国驻巴基斯坦大使馆经济商务参赞处，商务部对外投资和经济合作司：《对外投资合作国别（地区）指南——巴基斯坦（2018年版）》。

中国驻巴基斯坦使领馆和国家部委时刻关心瓜达尔的发展。2016 年 8 月 25 日，瓜达尔港暨自由区商务推介会在卡拉奇举行，会上介绍了瓜达尔港和自由区建设运营情况，并推介了招商引资优惠政策、优先发展产业等。2016 年 9 月 1 日，中国驻巴基斯坦时任大使孙卫东应邀出席俾路支省瓜达尔自由区启动仪式。巴基斯坦时任总理谢里夫、巴计划发展和改革部长阿赫桑・伊克巴尔及各界友好人士 100 余人出席。2017 年 12 月 1 日，前中国驻卡拉奇总领馆党委书记、总领事王愚率调研组考察瓜达尔港及自由区建设、经营情况，并为瓜达尔全体党员授党课分享十九大报告学习体会。2018 年 4 月 20 日，国家开发银行国际合作局亚太部副主任杨李梅率团考察瓜达尔港及自由区。期间，代表团先后参观了瓜达尔自由区北区、瓜达尔港、自由区起步区及商务中心。2018 年 9 月 14 日，巴基斯坦计划部长巴赫蒂亚尔、中国驻巴基斯坦大使姚敬出席第 56 次中巴经济走廊协调会。巴方表示将加快推进瓜达尔港发展和产业园区建设，探索在民生领域加强合作。2019 年 3 月 29 日，中国驻巴基斯坦大使姚敬大使和巴基斯坦总理伊姆兰・汗、陆军参谋巴杰瓦等政要赴瓜达尔考察并出席瓜达尔新国际机场奠基仪式和第二届瓜达尔国际商品展销会，称瓜达尔为巴增长引擎。2019 年 8 月 29 日，中巴经济走廊瓜达尔联合工作组第四次会议在伊斯兰堡召开，中国国家发展和改革委员会国际合作司负责同志和巴基斯坦计划发展部常秘共同主持会议，会议逐项讨论了瓜达尔在建项目的进展，双方还见证签署了《中巴瓜达尔地区法曲尔公立中学扩建项目捐赠协议》。

友好城市助力瓜达尔发展。2015 年 4 月 20 日，在中巴两国领导人的见证下，中国克拉玛依市同巴基斯坦瓜达尔市结为友好城市。双方结为友好城市后，克拉玛依市在医疗、教育等领域与瓜达尔开展了深入合作。2019 年 3 月，中国河南省濮阳市同巴基斯坦瓜达尔市正式缔结为友好城市，濮阳市将在经贸、教育、文化、旅游等领域与瓜达尔市展开一系列全方位务实合作。

表 19　中巴经济走廊框架下瓜达尔地区项目建设情况汇总[①]

• 瓜达尔东湾快速公路。项目预估费用 1.68 亿美元，主管机构为巴基斯坦海洋事务部主管。项目 2017 年 11 月 22 日动工，预计 2020 年 10 月竣工。瓜达尔东湾快速公路的建设是将瓜达尔港与其他地区连接起来的动脉，其目标是提供港口及其自由区与巴基斯坦国家公路网的主要连接，实现进出口货物的的顺畅运输。

• 瓜达尔新国际机场项目。项目位于瓜达尔以东 26 公里，项目费用预算为 2.3 亿美元，2019 年 3 月 29 日动工。（详见本书“航空枢纽”部分）

• 瓜达尔智慧港城项目。项目费用 400 万美元，2017 年 5 月签署实施协议，2019 年 11 月 5 日智慧港城项目在第九次中巴联委会上通过结项。

• 中巴职业技术学院。该项目旨在为瓜达尔港城创建最先进的职业技术培训学院。瓜达尔当地民众是瓜达尔港城的主要受益者，提升他们的技能，以便未来能够更好的参于港口的的运营和管理，以及参与瓜达尔城市的工商业发展是瓜达尔成为地区枢纽城市的重要内容。该项目预估费用为 1000 万美元。

• 中巴友谊医院。该项目旨在为瓜达尔地区建设一座国家级的医疗机构，预计占地 68 公顷，费用 1 亿美元。

• 清洁用水和供水系统。该项目旨在在中期（2030 年）和长期（2050 年）按照瓜达尔总体规划实施供水、海水淡化、污水收集系统和污水处理厂的建设。项目预算 1.3 亿美元。

• 自由区建设。该项目为瓜达尔自由区的发展提供支持，例如，基础设施建设，项目预算 3200 万美元。

• 疏浚停泊区和排水渠。为提高瓜达尔港的使用效率，需要对港区的基础设施进行提升。项目预算 2700 万美元。

• 瓜达尔港防波堤建设。除了现有港口设施的运营外，还须在瓜达尔东湾沿岸扩建 1200 ~ 1500 米的防波堤，项目预算 1.23 亿美元。

---

① CPEC, *CPEC Gwader Projects*, http://cpec.gov.pk/gwader，最后登陆时间：2019 年 12 月 15 日。

四、瓜达尔民生项目

民众福祉是瓜达尔地区发展的出发点和落脚点，随着瓜达尔地区传统民生资源的逐渐消耗，提升瓜达尔当地民众福祉的任务更为迫切。这种情况已经威胁到当地很大一部分人口，尤其是农业和传统行业人口，其基本生计面临威胁。这一因素导致贫困人口大量增加。这种情况尤其影响到失地者和土地少的农民和农民工。属于宗教少数群体的女农民和耕种者受到的影响最大，因为他们完全依靠传统的方式赚钱。这项工作无疑为进一步研究民生来源提供了基础。

瓜达尔人口密度低，少量人口分布在广大的区域，欠发达的经济，恶劣的自然条件，导致其社会民生项目的平均成本高于其他地区，社会服务的投送成本和投送复杂性也高于其他地区，健康、教育、能否得到清洁饮用水以及其他的社会指标都低于其他地区。然而，瓜达尔地区家庭住房拥有率较高，其中95.9%的家庭都拥有自己的住房，3.5%的家庭住在地主家里，只有不到1%的家庭租房居住。[①] 家庭能源消费方面，26.9%的家庭没有电力，54.1%的家庭使用来自政府的电力供应，19%的家庭使用太阳能等能源。[②]

基础设施与公共设施建设水平是衡量一个地区民众生活品质的重要指标。就瓜达尔而言，部分地区清洁饮水供应短缺、互联互通的基础设施网络亟需提升、教育医疗服务落后、能源短缺、机会不均等加剧了群体之间

---

① Balochistan - Drought Needs Assessment (BDNA) Report, February 2019, p62.

② Balochistan - Drought Needs Assessment (BDNA) Report, February 2019, p64.

的差距及不断增长的环境压力。瓜达尔在基础设施和公共服务供给方面存在的这种困难使得当地政府需要付出持续努力，才能从根本上改善当地民众的生活水平。2017 年 5 月 30 日，巴基斯坦私营电力和基础设施署（PPIB）向中国交通建设公司签发了瓜达尔燃煤电站的意向函。经过中交产投巴基斯坦电力有限公司与巴基斯坦国家电力监督局多轮谈判，双方终于就入网电价达成一致，2019 年 5 月 31 日获得巴基斯坦国家电力监督局同意，也为下一步项目的实施奠定了基础。

发展是最大的人权。瓜达尔的中国建设者以项目为家，帮助当地社区共同发展。中港控在瓜达尔继续秉持“民心同，则事业通”的发展理念，关心当地民众的困难，积极参与当地发展，尽企业所能，推动瓜达尔城市的教育、医疗、环保等民生问题的解决，提供清洁饮用水、增加就业等，使当地人普遍受益于港口和自由区的发展，帮助当地人提升生活水平，进而推动瓜达尔地区的和平与繁荣。2016 年 9 月，中国和平发展基金会捐建

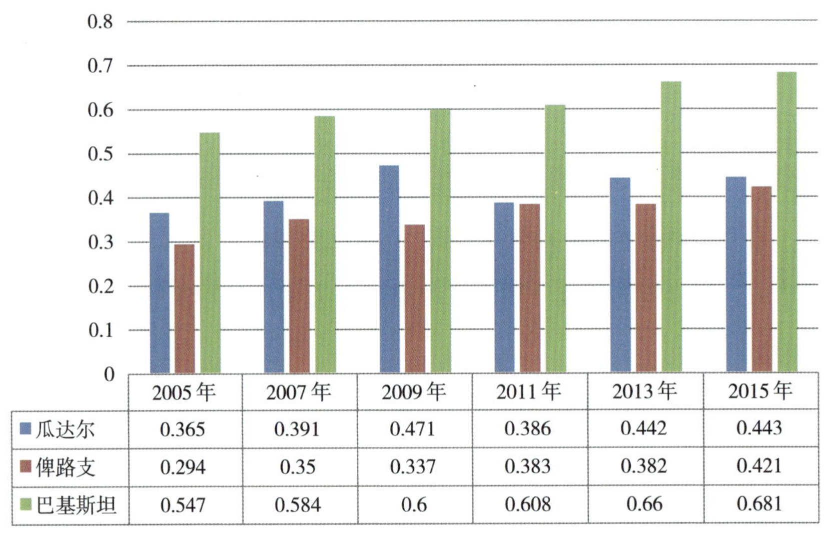

	2005年	2007年	2009年	2011年	2013年	2015年
瓜达尔	0.365	0.391	0.471	0.386	0.442	0.443
俾路支	0.294	0.35	0.337	0.383	0.382	0.421
巴基斯坦	0.547	0.584	0.6	0.608	0.66	0.681

图 6　瓜达尔、俾路支、旁遮普人类发展指数对比

数据来源：Pakistan Human Development Index Report 2017, Published for the United Nations Development Programme, 2017, p24, p30 – 31.

的瓜达尔法曲尔小学落成；2017 年 5 月，中巴博爱医院投入使用；2018 年 1 月，瓜达尔海水淡化处理厂投入运营，并为瓜达尔市民提供饮用水。2018 年元旦期间，为进一步加强瓜达尔港及自由区文化建设，充分展示瓜达尔建设者们蓬勃向上、积极进取的精神风貌，中港控举办第一届瓜达尔摄影大赛，围绕瓜达尔风景、人物风采、精彩活动等场景进行构思，以摄影作品充分体现瓜达尔建设者们的精神风貌和瓜达尔独特的自然景观。

（一）减贫

对于瓜达尔沿海地区的人们来说，尽管面朝大海，但由于缺乏其他谋生手段，他们最容易受到经济形势的冲击。巴基斯坦对于瓜达尔地区减贫工作极为重视。2019 年 8 月 1 日，巴基斯坦总理伊姆兰·汗出席巴政府与联合国项目事务署和可持续房屋解决方案公司签署关于建设 50 万套住房项目的谅解备忘录，该项目将首先为瓜达尔渔民提供住房。

1. 瓜达尔地区民众的收入和就业

从家庭收入构成来看，瓜达尔地区 18.5% 的家庭收入首要来源为农业及畜牧业，44% 的家庭收入主要来源为非农业的无技术要求的劳动力，27.1% 的家庭首要收入来源为稳定工作（如医生、律师等）、商业。其他收入来源占 10.5%（如海外汇款、慈善救助、手工艺人等）。[①] 食品支出在总支出中所占的比例是家庭获得食物的指标。在调查前的最后一个月，笔者向这些家庭询问了他们的食品和非食品支出。其中瓜达尔地区食品支出占总支出的 66%。[②]

瓜达尔地区家庭饥饿指数（Household Hunger Scale，HHS）显示，瓜达尔地区不受饥饿威胁的家庭占调查样本家庭的 19%，轻度饥饿、中度饥饿家庭和重度饥饿家庭分别占总样本量的 26%、49%、6%。从食品安全角度看，瓜达尔地区食品安全的家庭占家庭总数的 3.4%，食品轻微不安全、食品中度不安全、食品严重不安全的家庭分别占总调查量的 40.2%、49.2%、7.2%。[③] 从家庭抵御风险能力来看，由于缺乏多元化收入渠道和稳定的家庭存款，瓜达尔地区家庭抵御风险能力较差。例如，如果家庭遭遇的牲畜丢失事件，其中 83% 的家庭都将受到比较大的影响。[④]

贝·布托收入支持项目（BISP）是一种社会安全网，不仅可以帮助贫困管理，还可以通过营销其产品来利用受益人的创业潜力，使他们摆脱贫困。2010－2011 年，贝·布托收入支持项目还在世界银行的支持下进行了

---

① Balochistan – Drought Needs Assessment (BDNA) Report, February 2019, p35.

② Balochistan – Drought Needs Assessment (BDNA) Report, February 2019, p37.

③ Balochistan – Drought Needs Assessment (BDNA) Report, February 2019, p42 – 43.

④ Balochistan – Drought Needs Assessment (BDNA) Report, February 2019, p48

国家级贫困评分卡（PSC）调查，通过该调查收集了巴基斯坦近2700万户家庭的社会、经济和福利状况的完整信息。① 贝·布托收入支持项目在俾路支地区共支出32.91亿卢比，使188949人受益，其中瓜达尔受益人数为7606人，分配金额为1.35亿卢比，分配金额占俾路支分配金额的4%。从受援助的户数、援助金额来看，瓜达尔地区在俾路支项目分配中都比较靠前，2014－2015财年，瓜达尔在俾路支地区排名第8。②

表20 瓜达尔地区贫困指标③

	2004－2005	2006－2007	2008－2009	2010－2011	2012－2013	2014－2015
瓜达尔多维贫困指标	0.42	0.395	0.313	0.372	0.239	0.293
贫困发生率	72.3	71.4	58.4	69.3	49.6	60.8
贫困强度	—	55.3	53.6	53.7	48.2	48.2

由于受教育程度低，瓜达尔女性就业率也很低。妇女的作用仅限于在家中进行活动。一部分当地妇女具有刺绣手艺，但受交通和市场限制，这些刺绣主要向家人供给。巴基斯坦国家农村支持项目已经在农村地区建立了妇女组织，为这些妇女提供不同技能的培训。虽然妇女在制造手工艺品、制网、饲养牲畜、乳制品生产和后院家禽养殖方面的贡献很大，但仍未被认为是一项经济活动。参与这些活动的妇女无法获得最新的信息、便利服务、支助方案和信贷设施。

2. 中国的努力

兴产业促就业，来自中国的投资和贸易不仅切切实实提升了瓜达尔当

① *NSER National Socio－Economic Registry*, Benazir Income Support Programme, https://bisp.gov.pk/nser/，最后登录：2019年12月15日。

② Kaiser Bengali, *A Cry for Justice*, Oxford University Press, 2019, p71.

③ Multidimensional Poverty in Pakistan, p76－77.

地经济的发展，也让当地百姓获得了实实在在的实惠。中巴经济走廊倡议提出后，瓜达尔地区的经济活动和就业方式发生了变化，瓜达尔人口数量正在迅速增长，其对生活必需品和社会公共服务的需求也在不断增加，建筑业已经成为仅次于捕鱼业的第二大经济活动，其次是政府服务、贸易和运输。瓜达尔地区的减贫要利用中巴经济走廊为巴基斯坦发展带来的巨大机遇。通过对外开放和国际贸易、吸引国际投资、发展基础工业、尤其是基础设施的改进、城镇化及教育的发展，均能够对于减贫起到非常重要的作用。

发展产业是实现脱贫的根本之策。我们在贫困地区看到的是这样一番景象：一座又一座新厂房拔地而起，成为当地产业发展的坚实支柱；一批又一批农村富余劳动力就业上岗，为改变生活奋发努力；越来越多的贫困户实现脱贫，自信地走向未来。瓜达尔港务局时任主席贾玛蒂尼称，截至2018年，在瓜达尔港工作的2500名工人中，有500名中国人，其他都是当地人，到2023年瓜达尔自由区将会需要3.8万名工人。①

科技助力瓜达尔地区脱贫。2019年8月7日，瓜达尔种羊及口蹄疫无疫示范标准场正式开园，羊场专门聘请了一名来自宁夏的养羊专家张雪山负责打理。

中巴世代友好，瓜达尔当地民众特别欢迎中国企业赴瓜达尔投资，带动当地就业，中资企业也积极与当地社区和民众建立良好关系。中港控在瓜达尔地区积极开展扶贫工作，对当地14个贫困家庭进行一对一扶贫，还通过优先雇佣当地人、定向购买服务、特殊招聘、免费培训等方式教会他们工作技巧，帮助他们成为技术性人才，提高其生活水平，为这些家庭提

---

① 中国网："巴官员称瓜达尔港将提供4万多就业机会"，2016年6月21日，http://finance.china.com.cn/roll/20160621/3775711.shtml，最后登录：2019年12月15日。

供资助。中国交建在瓜达尔聘用了几百名当地渔民，对他们进行机械设备操作和现场施工技能培训。2018 年 1 月 29 日，巴基斯坦时任总理沙希德·哈坎·阿巴西亲自授予中国交建“特别贡献奖”。

（二）教育

在瓜达尔修建大型海港的决定引发了该地区的重大发展干预措施，迫使当地政府和人民应对生活中各个部门迅速变化的复杂现象。瓜达尔将从被边缘的落后地区变为连接世界市场的都市经济区。这也将导致巴基斯坦其他地区的劳动力向该地区流动，未来瓜达尔的工作将对技术要求越来越高。巴基斯坦和中国在瓜达尔地区开展教育合作，特别是需要培养基础教育、专业技术人才和大学生，以改变目前瓜达尔地区教育薄弱、人才匮乏的局面。

1. 瓜达尔地区教育现状

教育对人类发展至关重要。与没有受过教育的人相比，受过教育的人拥有更好的就业和创收前景。根据2019 年2 月发布的《俾路支：干旱评估报告》中随机对瓜达尔 376 户家庭进行调查统计①。瓜达尔地区中每户家庭 5 个以上孩子的家庭占调查总样本的 43%。教育方面，瓜达尔抽样调查人口中 80% 的户主从未上过学，7% 的户主只上过 1 ~ 5 年的初级学校，7% 的户主上过 6 ~ 8 年的中学，1% 的户主上过 9 ~ 10 年的二级中学，3% 的户主上过 11 ~ 12 年的高中②。

瓜达尔地区的识字率非常低，而农村和城市地区的识字率和入学率之

① Balochistan – Drought Needs Assessment (BDNA) Report, February 2019, p9.

② Balochistan – Drought Needs Assessment (BDNA) Report, February 2019, p14.

间又有巨大差距。瓜达尔地区的识字率只有 25.47%，远低于巴基斯坦 43.92% 的水平，农村地区的女性更低，识字率仅有 6.38%。

表 21《瓜达尔地区教育数据统计》显示，2016 - 2017 年，瓜达尔有 278 所中小学和一所能授予学位的大学。其中小学招生人数为 11557 人，教师人数仅为 304 人，师生比达 1∶38。

表 21　瓜达尔地区教育数据统计

		2014 - 2015	2015 - 2016	2016 - 2017
小学、初中、高中数量	男校总数	194	220	187
	女校总数	97	164	91
	合计	291	384	278
小学	学校数	319	218	222
	教师数	347	303	304
	招生人数	11094	11495	11557
初中	学校数	30	30	30
	教师数	317	254	255
	招生人数	5713	5883	6026
高中	学校数	26	26	26
	教师数	667	527	533
	招生人数①	—	—	—
授予学位大学	学校数量	1	1	1
	学位招生人数	696	334	768
	员工	28	28	92

资料来源：《巴基斯坦发展统计 2016 - 2017》，第 87 - 95 页，第 117 - 120 页。

巴基斯坦社会也在关心、关注瓜达尔地区的教育提升。2017 年 11 月，贝·布托收入支持项目的负责人之一马维·梅蒙（Marvi Memon）访问瓜达尔并与贝·布托收入支持项目受益委员会（BBC）和当地知名人士举行会议。期间，贝·布托收入支持项目将资助受益家庭的 5 ~ 12 岁孩子入读

① 该统计资料中，高中招生人数明显与事实不符，因此没有列在表中。

小学，每季度上学出勤率达到70%的孩子每月可以获得750巴基斯坦卢比的奖励，而不是像之前那样无条件现金转移。

中巴经济走廊对俾路支来说是巨大的机遇，尤其是作为中巴经济走廊的重要合作领域。瓜达尔地区如果想从中巴经济走廊发展中获得持续收益，提升当地民众的教育水平非常重要。对俾路支教育部门而言，需要在以下领域有所作为：改善教育、促进机会和公平、提供高等教育、替代学习途径以及治理和管理。

2. 中国的努力

中国政府和中国在瓜达尔企业致力于促进当地教育事业的发展和保护，这是中国在瓜达尔企业援助当地民众的重要举措，旨在通过借助中方在教学设施建设、教学设备配套提升当地的教育水平，为瓜达尔培养一支教师队伍，因为中国深知教育是一个地区的未来。

科研教育领域的合作走向深入。2018年8月，中巴经济走廊喀什研究院在喀什大学成立并举办首届喀什－瓜达尔研讨会。高等教育合作方面，中巴将围绕职业技术学院和瓜达尔大学开展。职业培训方面，中方将投资在瓜达尔地区创建中巴职业技术学院，旨在为瓜达尔创建最先进的职业技术培训机构，培养和提高瓜达尔人民参与到建设港口城市的技能，帮助当地人民把握不断涌现的工作机会。科研合作方面，一所中国大学将与瓜达尔大学在海详相关课题与其他学科展开合作。

为缓解瓜达尔地区教育设施的紧缺，中国驻巴基斯坦大使馆、中资企业也都会定期向瓜达尔当地学校捐赠教学用品和学习用品。2014年8月18日，中港控向瓜达尔地区小学捐赠三辆校车。2015年11月11日，中港控向瓜达尔教育部门捐赠50万卢比教育基金，帮助当地贫困学生接受教育。2016年4月4日，克拉玛依向巴基斯坦瓜达尔地区捐赠医疗救护车、校服等民生物资，提供教育培训项目等惠及瓜达尔民众的“民心工程”正式启动，连续10年，以每年20人的方式为瓜达尔地区及巴基斯坦其他地区中小学生提供小学至高中阶段的普通学历教育。2019年3月13日，中国机械设备工程股份有限公司与俾路支政府签订协议，为瓜达尔地区修建一批校舍。

中港控还定期接送瓜达尔当地的学生到港区和自由区参观访问，给他们创造机会接触、感知中国文化，为中巴友谊播下种子。2019年10月1日，中港控张保中董事长、巴海军第三营营长阿比德上校及港务局总经理阿西姆·蒂瓦纳先生向法曲尔师生颁发“大使奖学金”，获奖人员包括教师15名、学生30名，受到了学校师生的热烈欢迎。

中巴瓜达尔地区法曲尔公立小学

2016年9月1日，由中国和平发展基金会捐建的法曲尔小学正式交付使用，解决了附近6000多户家庭，400多名孩子的上学难问题，体现了中巴友谊。

学校能够容纳150名学生，目前已吸引500多名学生。学校配备13名教师，2019年95%的学生通过了春季考试，成为俾路支省通过率最高的学校，这也意味着这所学校成为俾路支教育质量拔尖的学校。2019年8月29日，中巴经济走廊瓜达尔联合工作组第四次会议签署了《中巴瓜达尔地区法曲尔公立中学扩建项目捐赠协议》，瓜达尔“小学”将变成“中学”，教师人数从原来的3名变成15名，学生人数将近600名。

中巴经济走廊不仅促进巴基斯坦的经济和工业发展，更能推动民生和社会进步。巴基斯坦学者Sharza Shakeel撰写的《中巴政府法曲尔学校——为瓜达尔女孩带来希望》感谢中国和平发展基金会对瓜达尔法曲尔学校的支持。2018年8月1－2日，中国和平发展基金会副秘书长王华率团访问瓜达尔，也对法曲尔学校表示赞赏。他指出，中国和平发展基金会捐助发起的中巴友谊发曲尔学校在建校短短的两年时间内，由初始的150名学生猛增到注册学生500多名，成为当地最受家长、学生欢迎的学校。当地教育机构已经将这所小学升级为中学，成为中巴经济走廊乃至“一带一路”倡议下最为成功的公益项目之一。这种基金会发起、驻地中资企业参与建后管理、社会各界共同支持，最大限度发挥援助项目效能，扩大社会影响力的援外项目是一次成功的尝试，值得发扬推广。

（三）医疗

1. 瓜达尔地区医疗现状

瓜达尔的医生、护士、医院等医疗卫生资源稀缺，远不能满足当地民众的就医需求。瓜达尔护士注册共分为四类：护士、助产、女性健康和护理助理。护士在接受不同阶段的培训和考核后均需到巴基斯坦护理委员会的系统上注册通过后才能获得正式执业资格。瓜达尔的医疗设施仅能提供基本医疗服务，如遇大病，则必须要到卡拉奇、奎达等各地就医。

巴基斯坦公立医院基本免费，主要面对当地居民，但医疗水平仍需提高。私立医院设备先进，但就医收费较高。随着瓜达尔地区的发展，当地民众生活水平的提升，他们对于高质量的医疗也越来越感兴趣。

2016－2017 年，瓜达尔地区住院病例 398 例，门诊病历 254514 例。2016－2017 年，疟疾病例 1663 例。2016－2017 年，瓜达尔公立医院 2 所，病床 63 个，医务室 15 个，农村卫生中心 58 个。瓜达尔私立医院 1 所，病床 5 个，无私立医务室。医生 47 人，其中男性医生 39 人，女性医生 8 人。尽管瓜达尔医生同比增加 20%（36 人），但总量仍不足。2016－2017 年，瓜达尔地区护士 9 人，其中男护士 1 人，女护士 8 人。①

瓜达尔地区基础医疗架构

- 区卫生中心 DHQH
- 农村卫生中心 RHCs
- 基本卫生单元 BHCs
- 妇幼保健院 MCHCs
- 药房

基本卫生单元是巴基斯坦的基层医疗单元，理论上来说，瓜达尔地区每一个 Union Council 都应该有一个基本医疗单元，然而，由于基本医疗单元的不健全和医疗资源的缺失，在瓜达尔的农村地区，基本医疗单元并没有发挥应有的作用，当地民众仍需要到更高一级医疗机构。

瓜达尔地区医疗系统的负责人为地区医疗办公室（EDO）主任，其下

① Development Statistics of Balochistan 2016－17，P147－154.

辖两个副主任和地区医院的医务总监。

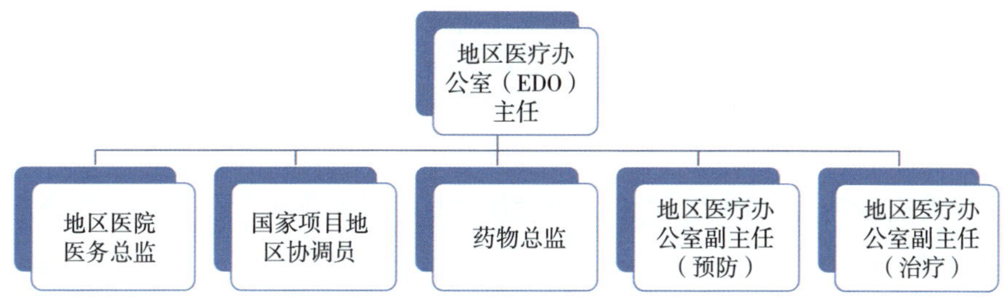

图 7　瓜达尔地区医疗系统结构图

数据来源：*DISTRICT HEALTH PROFILE – District Gwadar*, Pakistan Initiative for Mothers and Newborns, 2009, p5.

瓜达尔地区人烟稀少，居民区分散，这种障碍也使得向农村人口提供适当的医疗服务变得困难。另外，瓜达尔地区的医疗系统仍面临缺少经过培训的医务人员、缺少药品、缺少设备、初级和二级医疗保健设施不足且效率低下等方面的挑战，另外，不良的卫生条件和不合格的饮用水也是导致当地人健康不良的原因之一。

2. 中国的努力

瓜达尔地区医疗设施严重不足，医疗机构的发展任重道远，中国政府和相关机构积极推动瓜达尔地区医疗卫生事业健康发展，提升瓜达尔卫生服务水平，为瓜达尔人民提供了坚实的医疗保障。

医疗领域的交流持续开展。2015 年 8 月 11 日至 12 日，“中巴经济走廊 · 克拉玛依论坛”在克拉玛依成功举办；10 月，来自瓜达尔的第一批 5 名医务工作者始在克拉玛依市中心医院接受培训。2016 年 3 月 13 日，第二批 5 名巴基斯坦医生、5 名教师开始在克拉玛依接受系统培训。

医疗机构的设立。中国红十字援巴医疗队由原国家卫计委和中国红十字会总会共同派出，成员由复旦大学附属华山医院和附属妇产科医院、北京红十字会 999 急救中心和中国红十字基金会组成，为瓜达尔的中国建设者和当地民众提供免费医疗服务。2017 年 5 月，巴基斯坦港口航运部长比赞久，全国人大常委会副委员长、中国红十字会会长陈竺、原中国驻巴基斯坦大使孙卫东、中国海外港口控股集团董事长张保中等出席中巴博爱医疗急救中心落成仪式。巴基斯坦港口航运部长比赞久称，急救中心是中国红十字会给予瓜达尔的礼物，俾路支人民满怀期待，并完全支持中巴经济走廊项目。中巴博爱医疗急救中心配备了两个留观室，还有一个抢救室，急救中心还配备了心电图机器、清创设备、监控器、高压煮沸锅等医疗设备。2017 年 9 月，中国（红十字）援外医疗队第一批驻巴基斯坦瓜达尔队员抵达瓜达尔，开始为期 7 个月的援外医疗。中巴博爱医疗急救中心由 11 名医护人员组成，分别来自急诊科、普通外科、妇产科等，全体人员在赴瓜达尔前还在国内接受救护车和常规急救培训。① 只有与瓜达尔百姓零距离，才能了解瓜达尔当地群众的医疗需求。2018 年 9 月，中国红十字援外医疗队分别来到巴基斯坦瓜达尔市法曲尔中学和瓜达尔高中举行“天使健康行”走进校园启动仪式，为学生提供免费体检和营养健康咨询，并为两校学生发放维他命药品共 2400 瓶。2019 年 2 月 8 日，第三批中国红十字援巴医疗队在中巴博爱医疗急救中心为港区的中国建设者和当地民众提供专业医疗服务。2019 年 7 月 4 日，中国红十字医疗队到瓜达尔东湾快速公路工地为项目建设者和巴基斯坦士兵义诊，践行“博爱、人道、奉献”红十字精神。

中巴博爱医疗急救中心通过对 2017 年 9 月 –2018 年 3 月就诊病例统计发现，上呼吸道感染、感染性腹泻、急性胃炎、手指开放性伤口及足开

① 徐思远，付文焕，刘华晔，吴钢．瓜达尔中巴博爱医疗急救中心疾病情况分析．复旦学报：医学版，2019.

放性创伤是接诊的主要常见病。当地居民存在解热镇痛药和草药类镇痛药的过量滥用现象。伤寒、痢疾等传染性疾病虽然在瓜达尔整个疾病谱中占比不高，但应提前做好预防和防疫工作。饮水问题可能是瓜达尔肾结石病例偏多的原因之一，而清洁用水的缺乏还导致当地人患上各种皮肤病。①

未来，受经济发展落后和自然条件恶劣的影响，瓜达尔地区医疗资源严重匮乏，中国可在医疗体系建设、升级瓜达尔地区医院等方面提供更多援助。

（四）清洁用水

瓜达尔人口增长缓慢的一个重要原因就是当地自然环境恶劣，而且深受缺水困扰。首先是降水少的问题。俾路支省土地大多都是贫瘠且干旱的

---

① 徐思远，付文焕，刘华晔，吴钢．瓜达尔中巴博爱医疗急救中心疾病情况分析，复旦学报：医学版，2019.

土地，年降水量仅有几英寸。其次，地下水含盐量高。由于瓜达尔地下水含盐，除了季节性河流附近的小块土地之外，清洁饮用水的供应短缺是该地区面临的最大挑战之一。第三，瓜达尔地区表层土多为粉质土和贫粘土，透水性差，开发地下水难度高。

瓜达尔地区的当地民众传统上依靠降水、季节性河流、水井等满足其日常饮水需求。瓜达尔地区的水源来源主要有高山泉水、小溪、季节性河流等。该地区重要的河流和溪流包括 Shadi Kaur、Sawar 和 Dasht 河及其支流 Nilag 和 Daddeh、瓜达尔的 Ankra Kaur 和奥尔马拉的 Basol，这些河流大多数是当地人重要的饮用水来源。瓜达尔地区水资源短缺，因此该地区并不需要大型的水电设施，而可能需要更多的小型水坝，以便在降雨时储水。另外，供水管道和水资源分配也考验当地政府的管理能力。

1. 瓜达尔地区的水源

困扰瓜达尔发展的一大问题是水资源短缺。由于靠近海洋，瓜达尔地下水微咸，因此解决缺水问题必须依靠建水坝或海水淡化厂。

（1）水坝

水资源对于瓜达尔来说是战略资源，瓜达尔政府需要提高对浅地表水源的使用效率，建设水坝。

安卡拉（Akra Kaur，Ankara Kaur）大坝建于 1990 年代，位于瓜达尔以北 32 公里。它的设计存储容量为 17000 英亩英尺（acre - feet）①，但由于缺乏维护，现在已减少到 6000 英亩英尺。当地政府在安卡拉大坝建造了三个水处理池，每个滤池每天可过滤约 136.4 万升水。但由于没有雨水，淤泥堆积和维护不当，这些滤水池的性能并不理想，水质未达到要求且已

① 1 英亩英尺相当于 164875 升（43560 加仑）的水。

经干涸。

米拉尼水坝（Mirani Dam）由巴基斯坦水电开发署（WAPDA）于2001年委托建造，2006年7月竣工，用于满足未来瓜达尔地区港口建设、渔业、商业、工业、百姓用水等需求。但水坝建成后一直受到自身问题的困扰，水从米拉尼水坝需要用水箱运到瓜达尔，其单向距离为142公里。

（2）海水淡化

瓜达尔的快速发展导致人口增加，工业化和基础设施建设增多，对水的需求不断增长。然而，2013年以来，瓜达尔地区的降雨非常少，这要求瓜达尔必须使水资源多样化，除了充分利用降雨，淡化海水是瓜达尔等沿海城市的最佳水源。尽管瓜达尔已经建成了一座海水淡化处理厂，但这不足以满足日益增长的需求，瓜达尔需要更多的水处理厂。

海水淡化厂费用更低。巴基斯坦已成功建造了Sur Bandar海水淡化厂，其日产能为20万加仑。瓜达尔发展局（GDA）环境助理主任阿卜杜勒·拉希姆（Abdul Rahim）称："海水淡化厂的成本为20亿卢比。中国建设的海水淡化厂每天产能为25万加仑，需要花费12亿卢比，而从米拉尼水坝运水8个月的运输费用为14亿卢比。"另外，人工降雨也可以成为瓜达尔地区应对干旱和荒漠化的选择。①

（3）供水

不考虑饮用水的卫生与否，仅从数量来看，瓜达尔地区95%的人每人每天水量低于5升，5%的人每人每天饮用水量在6~10升。这也使得69%的家庭不能获得充足的饮用水。② 如此严重的缺水，兼之没有足够的

---

① Syed Muhammad Abubakar, *Welcome to thirsty Gwadar*, The News, Sunday, July 1, 2018, http://tns.thenews.com.pk/welcome-thirsty-gwadar/#.XcKMk3duJ9A，最后登录：2019年12月15日。

② Balochistan-Drought Needs Assessment (BDNA) Report, February 2019, p67-68.

灌溉水源，必然导致当地农业发展缓慢。随着瓜达尔人口的增加，未来该地区清洁水源的缺口还有可能扩大。2017 年瓜达尔地区清洁水的需求量是每天 650 万加仑，然而供应量只有 200 万加仑。到 2022 年，瓜达尔清洁水的需求量是每天将达到 1300 万加仑。①

政府已制定了每户每月 60 卢比的水费标准，房屋内部设有自来水连接装置，每户每月使用社区水箱或供水点的水费标准为 10 卢比。安卡拉大坝的瓜达尔河和吉瓦尼河沿岸共有 4710 个家庭用水通过自来水管道供给。其中，瓜达尔有 3491 个家庭供水管道，吉瓦尼（吉沃尼）502 个，佩舒坎（Peshukan）432 个，苏尔班达（Sand Bandar）167 个，甘茨（Gunz）有 118 个。

权力下放计划和地方政府体系导致了角色和责任的分配不均衡。瓜达尔地区供水是市政服务的组成部分，被视为瓜达尔地方政府管理部门的责任，实际上，承担为人民提供饮用水的责任超出了地方政府当前的资源和技术能力。

（4）存在问题

首先，清洁饮用水的缺乏导致瓜达尔地区消化系统疾病较多，此外，由于运水的水箱和运送燃料的油箱有些是完全相同的，因此使用受污染水箱盛放的水更容易使当地人感染肝炎、胃病及肾脏相关的疾病。

其次，运输成本高。水从位于米拉尼大坝通过水车向瓜达尔运输，每车水的运输成本为 15000 ~ 18000 卢比，而当地政府需要为这些服务付费。2018 年，瓜达尔的缺水状况加剧，运水车的车主由于连续 5 个月未收到运输款，停止从米拉尼大坝供水抗议，当地公共卫生工程部（PHED）的一

① Kalbe Ali, *Govt lethargy stalls Gwadar's projects*, Senate body told, Dawn, December 30, 2017, https: //www. dawn. com/news/1379722，最后登录：2019 年 12 月 15 日。

位官员承认正在采取措施尽早解决此问题。①

第三，运输管道污染。瓜达尔地区的水坝离城区较远，供水管道网络横跨地形条件较为恶劣，该供水网络的维护、修理和更换非常昂贵。另外，沿线还存在未经授权和非法从供水管道取水的形象，这不仅会损坏管道，还可能污染整个供水系统。

2. 中国的努力

在瓜达尔，饮用水的供应是一个普遍的问题，当地百姓将希望寄托在中国解决其水问题上，中港控通过海水净化、免费供水等一系列饮水安全项目，为当地民众提供放心水。2018 年 5 月 15 日，巴基斯坦代总统兼参议院主席萨迪克·桑吉拉尼出席中国港控瓜达尔淡水供应启动仪式，桑吉拉尼高度赞扬中国港控一直以来为瓜达尔社会公益事业做出的突出贡献，中港控瓜达尔淡水供应项目的启动是在巴社会公益事业的又一里程碑。中港控急当地百姓之所急，向瓜达尔每天提供 30 万加仑淡水，缓解了瓜达尔人民饮水难的问题，为瓜达尔的稳定和发展提供有力保障。

清洁用水事关瓜达尔当地民众的身体健康，是当地民众面临的最直接、最现实问题。在中巴经济走廊（CPEC）框架下，瓜达尔地区淡水处理及供水项目旨在满足用水需求，该项目的中期（2030 年）和长期（2050 年）目标是在瓜达尔完成建立供水输水系统、海水淡化厂、污水收集系统和处理厂。

① The News, Water crisis worsens in Gwadar, February 8, 2018, https://www.thenews.com.pk/latest/278603 - water - crisis - worsens - in - gwadar，最后登录：2019 年 12 月 15 日。

五、绿色智慧瓜达尔

“绿色”“智慧”是现代城市发展最重要的两个方向，通过构建多元、绿色、活力的产业机构，充分发挥瓜达尔的区位优势和产业基础，通过快速规模化，带动经济发展，融入国际分工体系。

（一）绿色瓜达尔

1. 绿色瓜达尔的建设思路和现状

绿色发展是巴基斯坦政府的目标。2019 年 1 月 21 日，巴基斯坦计划与发展改革部长决定将瓜达尔建成绿色、清洁和环保城市。[①] 保护环境要远比破坏后再去修复更容易。作为潜力城市，瓜达尔在发展中有能力根据规划进行发展，而不是先发展后治理。未来瓜达尔城市建设、工业和商业发展都与更高效利用自然资源、保护环境、脱贫等议题密不可分。

从其他快速发展的国家或地区的经验看，私人投资和工业化经常导致环境破坏，除非政府严格按照环境保护的法律法规执行。随着城市的发展，瓜达尔会吸引越来越多的企业投资，在瓜达尔工业化和城市化发展的同时，汽车尾气、工业废水、噪音污染等问题会愈发突出。为了成为拥有大量工商业场所的现代化港口城市，瓜达尔确实需要确保制定和实施严格的分区法，以免受巴基斯坦其他城市影响。最重要的是，必须保护其沿海

① Tribune, *Govt to develop Gwadar as smart port city*, January 22, 2019, https://tribune. com. pk/story/1893756/1 - govt - develop - gwadar - smart - port - city/，最后登录：2019 年 12 月 15 日。

地区免受未经处理的污水以及其他已经危害海洋生物并威胁人民健康的有毒废物和污染物的污染。

瓜达尔地区太阳能、风能资源丰富（每年4－8月西南季风，平均风速达5.5～7米每秒），能源发展方面，要尽可能使用可再生能源。以太阳能为例，瓜达尔城市屋顶如果都装上太阳能板，其发电量不容小觑。2019年11月初，中国生态环境部向巴基斯坦援助4000套太阳能光伏系统和发光二极管（LED）灯，增强瓜达尔地区应对气候变化的能力，打造绿色瓜达尔。风能是另一个重要的未开发来源，可以利用沿海的风车发电，因为瓜达尔有足够的风能，不仅可以满足其自身的能源需求，而且可以填补卡拉奇的大部分电力短缺。随着石油价格稳步攀升，风能会成为巴基斯坦沿岸经济上可行的能源。

瓜达尔地区的植被非常稀少，并且由单个灌木组成，灌木丛生的灌木通常高度不超过三十厘米，很少有叶子。截至2016－2017财年，瓜达尔地区共有森林76680英亩，其中灌丛林（Scrub Forest）35840英亩，占总量的46.74%，海岸林（Coastal Forest）40840英亩，占总量的53.26%。[①] 红树林具有重要的经济和生态意义，它是细菌、真菌、鱼类、虾、鸟类、爬行动物和哺乳动物等多种生物群落的栖息地，也为人类提供燃料、建材和饲料。然而，由于缺少可替代的生活燃料，这些森林资源的减少给瓜达尔的生态系统构成很大压力。

2. 中国的努力

中国提出的绿色发展理念，与巴基斯坦伊姆兰·汗政府相同，中港控

① Table：1 AREA BY DISTRICT AND TYPES UNDER THE CONTROL OF BALOCHISTAN FOREST DEPARTMENT 2016－17，Development Statistics of Balochistan 2016－17，BUREAU OF STATISTICS，PLANNING & DEVELOPMENT DEPARTMENT，GOVERNMENT OF BALOCHISTAN，p141.

不仅着力开发运营港口及自由区，还积极推动“绿色、清洁瓜达尔运动”。瓜达尔地区气候恶劣，生态脆弱，如何在发展经济的同时更好地保护该地区的自然环境一直是中国投资者的目标。例如，中国交建在瓜达尔建设中贯彻绿色、可持续理念，在建设过程中投入200多万元建立污水处理站，将区域内污水处理为中水回收利用，并采取滴灌技术将处理后的中水用于浇花植树、改良高盐碱沙漠土壤，达到节能减排、美化环境的效果。

首先，科学规划。2019年2月23日至3月1日，由中国科学院地理科学与资源研究所、中国科学院新疆生态与地理研究所和天津中科无人机应用研究院等9名著名科学家组成的中国科学院“丝路环境专项”瓜达尔港科学考察团对瓜达尔港及自由区进行实地科学考察，制作《瓜达尔港绿色发展综合地图集》，为瓜达尔的宏观发展及“绿色瓜达尔”项目提供技术理论支持，为瓜达尔的绿色生态发展指明了方向。2019年11月29日，联合国原副秘书长、中国·巴基斯坦友好协会会长沙祖康考察瓜达尔港，并出席瓜达尔绿色经济发展论坛，探讨瓜达尔绿色发展之路。

其次，坚持招商引资与环境保护的“双生命线”。对于瓜达尔自由区的入园企业实施严格环保审查，鼓励符合巴基斯坦环保标准、科技含量高、经济效益好的企业到自由区投资兴业。首批入驻园区的企业主要是商贸公司，工业企业在入园前需经过严格的考察，如电动自行车生产商 Jolta Tech 和食用油生产商 Midtrans，巴基斯坦最大的商业银行——哈比银行和联合银行，以及保险业巨头 EFU 财产保险有限责任公司。

再次，植树造林。为进一步落实习近平总书记“青山绿水就是金山银山”“绿色一带一路”的指示精神，中港控与巴基斯坦气候变化部签署《绿色清洁瓜达尔发展协议》，有步骤实施百万植树项目，旨在提升瓜达尔的绿化水平，改善瓜达尔生态环境。2019年10月17日，中港控向瓜达尔市新建落成的瓜达尔巴哈利亚模范学院（BAHRIA MODEL COLLEGE）捐献 1000 棵合欢树树苗，并和学校师生共同植树。

第四，科技助力。瓜达尔所处地理环境干旱，为解决当地农作物种植难题，生物组培实验室将入驻瓜达尔，这也是世界上最为流行的快速繁殖系统，为瓜达尔带来绿色的希望。2019 年 6 月 14 日，中国—巴基斯坦专场技术转移对接活动在昆明举行，这些活动促成了太阳能光伏提水灌溉系统示范、肉羊扩繁技术集成应用及推广、中巴超级水稻合作育种等一系列合作项目在巴基斯坦落地实施。[①] 中港控在中国科学院、河南育林集团等科研机构、专业公司的支持和帮助下，已建立了年产 50 万株适合当地气候和土壤热带植物的培育基地。

最后，中国企业在瓜达尔投资企业应该了解相关的环保法规，评估项目可能对环境造成的影响，并有针对性的制定解决方案。

① 云南省科学技术情报研究院：《中国－巴基斯坦技术转移对接活动成功举行》，2019 年 06 月 24 日，http：//www. istiy. yn. cn/dwhzyjl/1918. jhtml，最后登录：2019 年 12 月 15 日。

（二）智慧瓜达尔

科技带来人类经济活动、生活方式和国家发展的重大变革，全球已有很多城市致力于打造智慧化城市，如伦敦智慧交通体系中使用自适应交通灯解决交通瓶颈，纽约通过建立快速响应的智慧体系打造安全城市，新加坡通过提供主动式政务服务打造数字政府等，科技成为衡量一个城市综合实力的重要指标。打造智慧瓜达尔，尤其需要借鉴先进经验。2017 年 10 月 31 日，中港控与一带一路国际科学家联盟签署合作框架协议，在瓜达尔港建立“一带一路国际科学家联盟”院士工作站，支持瓜达尔港口及自由区建设，在瓜达尔切合实际情况展开课题研究，为巴基斯坦和瓜达尔港口及自由区建设提供高端人才和提升国际影响力，同时为在巴基斯坦工作的中国青年提供学习和深造的机会。

1. 瓜达尔智慧港城的规划

巴基斯坦规划委员会已经启动将瓜达尔发展为综合“智能港口城市”的项目，旨在利用基于信息技术的解决方案提高瓜达尔人的经济生产力和生活质量，同时最大程度地减少资源消耗和污染。2017 年 5 月 15 日，中交第四航务工程勘察设计院有限公司与瓜达尔开发管理局（GDA）在中国商务部签订了瓜达尔智慧港城总体规划项目合同，合同金额为 2800 万元人民币，合同工期 12 个月。该项目属于技术合作性质的对外援助项目，首次采用本土化实施模式，具有重要的战略意义。项目规划范围 1193 平方公里，包括现有规划检讨、发展愿景、多方案比选以及智慧港城总体规划等主要内容，力争将瓜达尔建设成为一个具备国际竞争力的可持续发展的智慧港口城市。[①]

瓜达尔智慧港城的规划和发展步伐在巴基斯坦任何其他城镇的历史上都是空前的，瓜达尔当地政府及中国建设者为基础设施的发展提供了动力，并为发展进程和未来城市化指明了方向。

2. 瓜达尔智慧港城的路径和目标

互联互通是中巴经济走廊的重要领域，智慧城市的本质也是互联互通，这意味着居民生活更加便利，政府工作更加高效，城市发展更加绿色环保。瓜达尔未来应抓住智慧城市建设的机遇，推动信息技术创新应用与瓜达尔的融合发展，促进瓜达尔政府智能转变，提升政府的治理能力，增强当地民众的获得感和满足感。智慧交通方面，实现道路信号感知、控制智能化，用大数据解决未来瓜达尔城市拥堵问题。智慧医疗方面，通过打通医疗、卫生机构的各类信息，实现相关数据共享和医疗便利化，使当地民众足不出户就能享受到医疗服务。

智慧城市建设也是瓜达尔发展的现实需要。一方面，瓜达尔产业发展中，石油石化工业将是未来的方向之一，而该产业急需与信息化融合，实现绿色发展；另一方面，瓜达尔城市传统的管理和服务模式，需要借助信息化手段，不断提高质量、效率和现代化品质。

政策的制定来源于事实，瓜达尔智慧城市建设中生成的大数据也将成为促进瓜达尔地区经济发展的重要资源。例如瓜达尔地区的灌溉用水、农作物种植数量、土地所有权模式、牲畜数量等数据对于瓜达尔农业部门政策制定具有重要的参考价值。

---

① 中交第四航务工程勘察设计院有限公司：《公司签署巴基斯坦瓜达尔智慧港城总体规划项目合同》，2017 年 5 月 17 日，http：//www. fhdigz. com/company_ news_ detail. php? id =338，最后登录：2019 年 12 月 15 日。

瓜达尔智慧港城建设目标

- 为瓜达尔城市发展提供战略指导目标和远景。
- 把瓜达尔智慧城市规划与瓜达尔智慧港规划整合。
- 创造包容性和可持续发展战略规划，确保马坎兰地区，尤其是瓜达尔地区的社会经济水平整体提升。
- 把瓜达尔地区发展成为特殊经济区，确保短期经济增长。
- 清晰阐释瓜达尔的比较优势。
- 在国家和地区层面为贸易、旅游、社区参与、公私伙伴、工业和经济发展提供战略建议。
- 应对气候变化、可持续发展、基础设施、能源生产、生命和财产安全、减灾、移民领域的挑战。
- 按国际标准建设瓜达尔港，建成能驱动当地、国家和地区增长的智慧的、可持续发展的城市。

3. 瓜达尔智慧港城的实际应用

瓜达尔智慧城市建设并不只是大数据、云计算、物联网等新技术的叠加，而是利用这种技术手段，达到更理想的城市发展状态。随着5G时代的到来，万物互联，其中智慧城市的重要方面就是要节能环保，通过大数据的分析，整合城市发展动能。2017年11月1日，克拉玛依－瓜达尔友好城市气象站在瓜达尔港落成揭幕，这也是中巴经济走廊首个多要素自动气象站，探测要素为温度、湿度、能见度、太阳辐射及深层地温等。整个气象站采用太阳能系统供电，数据自动采集，无需人员值守，数据通过北斗卫星以及GPRS无线传输，用户通过网页、LED显示屏即可接收到气象数据信息。气象站将为瓜达尔地区提供实时气象服务，为后期海运、航空及环境等全方位气象服务奠定了基础。①

数据的收集和使用是瓜达尔智慧港城建设的基础。瓜达尔将利用基于信息技术的解决方案来提高其国民的经济生产力和生活质量，同时最大程度地减少资源消耗和污染。2017 年 5 月 22 日，巴基斯坦国家数据库和注册局（NADRA）主席萨伊德（Talha Saeed）率领代表团访问瓜达尔，推进瓜达尔当地民众和在瓜达尔工作的外国人的电子信息数据库建设。瓜达尔港务局原主席道斯汀·可汗·贾马蒂尼认为，数据库的建设有助于瓜达尔智慧港城建设，也有助于把瓜达尔打造成为环境优美、宜居和充满效率的现代化城市。前期推进的工作包括：由瓜达尔市政委员会推进民众注册管理系统；由委员会副主任负责建立电子地方信息系统；建立电子持枪许可证系统；由瓜达尔警察局负责推进电子驾照系统；建设安全监控和机动车行驶记录系统。②

建设智能瓜达尔港，港口运输方面，通过大数据实现货物自动识别、自动分拣、自动仓储、卫星定位，实现物流和港区管理现代化，物流运输更加科学，物流设备更加自动化，电气化。2019 年 2 月 20 至 22 日，巴基斯坦联邦收入委员会（Federal Board of Revenue）在瓜达尔港举办网络一站通关（WEBOC，Web Based One Customs）系统操作培训，涉及海关、贸易商、货运代理等机构的清关流程。此后，所有瓜达尔港的进出口货物都必须通过网络一站通关系统报关，这将提高海关的工作效率，节省时间成本。

---

① 李志宏，雷蕾，周建荣：“中巴经济走廊首个多要素自动气象站在瓜达尔港建成”，中国气象局，2017 年 11 月 03 日，http：//www. cma. gov. cn/2011xwzx/2011xqxxw/2011xqxyw/201711/t20171103_ 453112. html，最后登录：2019 年 12 月 15 日。

② Gwadar Port Newsletter，April-June 2017（Vol：02 Issue：02），p8.

移动应用平台和终端是智慧城市发展的重要领域，也是智慧城市互联网业务发展的重要方向。2019 年 3 月，Gwadar Pro 在第二届瓜达尔博览会期间正式发布，正如其广告词“Better Port, Better Future”所言，这是一款致力于把瓜达尔与世界联系起来的应用。通过进一步改善其服务和功能，Gwadar Pro 将进一步增强其影响力，成为瓜达尔智慧城市建设的重要平台。

实体、社会和智力资本、信息和通信技术（ICT）基础设施的融合将成为智慧瓜达尔不可或缺的部分，以确保瓜达尔市沿着综合的“智能”港口城市的路线发展。瓜达尔偏远地区的人们还可以享受快速的 4G 移动连接，以与世界其他地方进行交互。2018 年 5 月 6 日，ZONG（中国移动）4G 信号（瓜达尔港站）实测，带宽峰值为 10.6Mbps，上行峰值为 3Mbps，下行峰值为 19.7Mbps，PING 值为 83ms，该传输数据远高于同时期大多数南亚国家的无线通讯网路。

4. 瓜达尔智慧港城建设中需要注意的问题

（1）统筹领导。智慧化城市建设，涉及到一个地区的多个部门，因此需要瓜达尔地方政府统一组织，统筹协调。

（2）数据整合。目前瓜达尔主要的数据资源是巴基斯坦个人信息记录、交通信息、医疗信息等，在其信息化的过程中需要注重共享平台的打造，方便系统对接和数据共享。

（3）数据落地。智慧瓜达尔的初衷就是要方便民众的生活和工作，是以人为本开展城市建设，让每个人参与瓜达尔的智慧化转型。

（4）隐私保护。智慧瓜达尔建设中尤其是在数据互联互通各方面会不可避免的涉及到公民个人隐私问题，因此在建设智慧瓜达尔的过程中不能一味的追求数据的共享，也要注重公民的数据保护。

六、瓜达尔的发展前景

瓜达尔地理位置优越，可为进出波斯湾航线的商船提供服务。这些商船运送着世界海上石油交易总量三分之一的能源，但瓜达尔港的战略位置优势尚未发挥。一旦以瓜达尔城市为依托的瓜达尔港充分发挥潜力，就可以实现巴基斯坦与地区国家在商业、政治、社会经济、国防等领域形成利益的连通。毗邻世界主要航道及位于中巴经济走廊主要出海口，是瓜达尔港发展的主要基础，也可以成为巴基斯坦西部地区经济发展的重要支点。

地理位置是独一无二的，决定着一个地区的价值，瓜达尔占据着得天独厚的地理位置，也受到国际社会的大量关注。但是，一个新事物的产生和发展必然会面临重重考验，瓜达尔的发展也是如此。其提出和实施虽然获得巴基斯坦政府、民众的支持和信赖，但也面临安全、多国间博弈、复杂的国内、国际形势。

瓜达尔地区安全形势越好，该地区的发展就越好，因为瓜达尔的地理位置决定了其可以成为由能源富裕区向能源贫乏地区流动的枢纽。然而，目前来看，安全问题仍然是制约瓜达尔地区发展的重要问题。在瓜达尔地区活跃的武装组织主要是俾路支解放军（BLA）和俾路支解放阵线（BLF）。俾路支解放军在俾路支制造了大量的袭击事件，其武装成员约2500人[①]，其中大部分来自于布格提部落或马里部落。俾路支解放阵线由Sardar Attaullah Mengal 领导，该组织主要在马坎兰及其周边地区活动。俾

① Fida Hussain Malik，Balochistan-A Conflict of Narratives，Lightstone Pulishers LTD，2019，p63.

路支解放阵线成员大多受过教育，具有强烈的政治诉求，也在其他国家开展“外交”活动。该组织曾声称要建立独立的俾路支斯坦，并起草了完整的教育、健康、外交等政策。除了俾路支分离势力和宗教势力外，瓜达尔地区的安全形势还受其他国家的影响。

中巴在地区安全问题上高度互信，中国相信巴基斯坦方面有能力保护中方在巴基斯坦的人员和财产安全。2019 年 5 月，瓜达尔港明珠洲际酒店遭到恐怖袭击后，中国外长王毅表示，中方对于巴基斯坦打击恐怖主义所作出的努力表示赞赏，也相信巴基斯坦方面会加强中国在巴基斯坦的人员和机构的安全保卫工作。①

要让瓜达尔的发展惠及当地百姓。瓜达尔地区多元利益并存，且复杂交织，因此在瓜达尔投资企业应该对不同政党、地域、部落等的利益诉求有充分了解，形成有效研判，积极做好增信释疑工作，让当地少数人和弱势群体的利益也能得到充分的尊重和保护，使项目真正促进当地经济发展，提升当地民众的生活质量。在中巴法曲尔小学、中巴博爱医院等成功案例基础上增加方案援助，与瓜达尔地方政府对接，参与制定当地的民生项目规划。未来，也可考虑与瓜达尔地方政府合作出资，在瓜达尔设立小额信贷基金，放宽贷款申请条件、增加项目公平透明度，为当地民众、青年群体提供基本的发展支持，帮助其推进创业项目，尤其重点扶持与瓜达尔外贸、智慧瓜达尔等领域相关的信息科技项目、电子商务项目等。

人才是支撑瓜达尔地区未来发展的重要因素。经济的发展和设施的建设离不开人才和技术的支持，发展好瓜达尔港需要加快培养一批专业理论

---

① 中华人民共和国中央人民政府：《王毅会见巴基斯坦外长库雷希》，2019 年 5 月 22 日，http://www.gov.cn/guowuyuan/2019-05/22/content_5393899.htm，最后登录：2019 年 12 月 15 日。

过硬、实践操作能力强的一线技术人员和管理人员，保证瓜达尔港和相关辅助设施的建设和运营。中巴双方要切实办好瓜达尔职业技术学院和瓜达尔大学，为当地培养专业技术人才。鼓励瓜达尔当地老师和学生到中国进修、学习，以便毕业后更好建设瓜达尔。

通过港城一体化，提升瓜达尔港的整体竞争力，扩大进出口商品。瓜达尔港和瓜达尔地区协同发展，两者是相互依赖、相互促进的关系。瓜达尔地区应该做好城市规划，为瓜达尔港和瓜达尔自由区发展预留空间，鼓励发展外向型经济，这样才能与瓜达尔港一起组成一个自我运行的经济生态。瓜达尔港又远离经济中心，附近没有经济支撑，因此必须通过建设连接巴基斯坦经济腹地的公路来盘活港口，中巴双方应在中巴经济走廊框架下，加速推进连接瓜达尔地区的交通网络建设，尽早发挥瓜达尔港地区枢纽的功能。

瓜达尔当地人对于瓜达尔港及其项目都持积极欢迎态度，如果能审视瓜达尔目前的发展状况，就能明白他们对于发展的期待。大量的投资如果顺利实施必将极大改变瓜达尔的落后现状，瓜达尔当地人也是最大的受益者。而且随着人口的增加，也将会使俾路支省在巴基斯坦议会中获得更多的席位。

由于巴基斯坦没有成熟的经济开发区的建设管理经验，中巴经济走廊框架下的相关法律、法律优惠也没有具体细化，因此在瓜达尔港移交中国企业后，瓜达尔自由区的对外招商存在一定困难。2016 年，巴基斯坦政府出台《2016 财务法案》，对在瓜达尔投资企业的 23 年免税优惠政策予以法律保障。法案虽然明确中港控、承包商和转包方在建设瓜达尔自由区时进口的设备和相关建材能享受免关税优惠，但该政策无法细化到针对不同的在瓜达尔自由区的投资者。直至 2019 年，瓜达尔交通基础设施投资大，建设周期长，2013 年前，新加坡公司就因经营不善、缺乏投入等多方面原因放弃。中国公司接手后，在瓜达尔进行了大量投资，因此，需要通过更多的优惠措施吸引商船到瓜达尔中转，另外，充分开发瓜达尔自贸区，发挥其对瓜达尔港及瓜达尔城市的经济支撑作用。在中巴“两全四好”关系的支持下，在中巴经济走廊的引领下，瓜达尔的明天一定会更好。

附录 1　瓜达尔港大事记[*]

* 该部分内容由中国海外港口控股有限公司提供。

瓜达尔港大事记（2013－2015）

序号	时间	序号
1	2013年2月18日	中国港控、瓜达尔港务局、新加坡港务局三方签署《特许经营权协议》，巴基斯坦政府将瓜达尔港的建设和运营权正式交予中国海外港口控股有限公司。
2	2013年5月24日	国务院总理李克强会见巴基斯坦总理谢里夫，中巴两国共同决定建设“中巴经济走廊”，走廊将连接新疆喀什和瓜达尔港。
3	2015年4月20日至21日	习近平主席成功访问巴基斯坦，开启中巴经济走廊开发和建设的序幕，提出“以走廊建设为中心，以瓜达尔港、能源、基础设施建设、产业合作为重点，形成‘1＋4’合作布局”，突出瓜达尔港在中巴经济走廊中的重要地位。
4	2015年4月21日	中国港控与巴方政府签订《自由区土地租赁协议》。
5	2015年5月8日	《瓜达尔自由区概念规划》初稿完成。
6	2015年5月11日	中远集团“紫荆松”号货轮靠泊瓜达尔港，中国港控接手运营权后，商业化船舶第一次停靠瓜港。
7	2015年7月1日	中国港控捐赠的3辆校车正式移交给瓜达尔当地学校。
8	2015年7月27日	中国驻巴基斯坦大使孙卫东一行五人赴瓜达尔港考察访问，推进相关工作。
9	2015年8月1日	《瓜达尔商业物流起步区工程可行性研究报告》编制完成。
10	2015年10月	中国港控公司正式在瓜达尔设立“中国港控奖学金”。
11	2015年11月11日	中巴经济走廊第五次联委会期间，中国国家发展改革委王晓涛副主任考察瓜达尔港及自由区。
12	2015年11月11日	瓜达尔自由区第一批土地正式移交，协议签约仪式在瓜达尔PC酒店举行。
13	2015年11月11日	中国港控公司与中国和平发展基金会合作援建的中巴瓜达尔法曲尔小学正式启动，开工仪式在小学校址举行。

续表

序号	时间	序号
14	2015 年 11 月 16 日	中国港控与辽宁省大连海洋渔业公司签署战略合作协议。
15	2015 年 11 月 28 日	中国港控与珠海市人民政府签署战略合作协议。
16	2015 年 11 月 28 日	中国港控与珠海港控股集团签署战略合作协议。
17	2015 年 12 月 22 日	中国港控与青岛港（集团）有限公司签署战略合作协议。

瓜达尔港大事记（2016）

序号	时间	序号
1	2016 年 3 月 10 日	中国港控与新疆喀什地区行政公署签署战略合作协议。
2	2016 年 4 月 4 日	中央政治局委员、新疆自治区第一书记张春贤同志率领新疆自治区代表团考察瓜达尔港。
3	2016 年 4 月 12 日	主题为“瓜达尔港、中巴经济走廊及沿岸城市发展前景．展望俾路支省和平与繁荣”的巴基斯坦国家论坛，在瓜达尔 PC 酒店举行，巴基斯坦陆军总参、俾路支省首席部长、巴基斯坦陆军南方军区司令出席论坛相关活动。
4	2016 年 4 月 12 日	俾路支省首席部长、巴基斯坦陆军南方军区司令视察瓜达尔港及自由区。
5	2016 年 5 月 7 日	巴基斯坦（瓜达尔）中国临沂商城项目奠基仪式在瓜达尔自由区举行。
6	2016 年 5 月 10 日	中国红十字会代表团考察瓜达尔港及当地医院，表示今后将在瓜达尔地区民生、医疗等方面提供支持与协助。
7	2016 年 5 月 12 日	巴基斯坦海军总后勤部实地考察瓜港，计划在瓜达尔港扩大物流、补给方面合作，利用现有港口为巴海军舰艇提供后勤服务。
8	2016 年 6 月 20 日	中国港控与中国电信国际有限公司签订战略合作协议。
9	2016 年 7 月 1 日	巴基斯坦联邦税务局颁布 2016 年财政法案，瓜达尔港和自由区的免税政策正式纳入巴法律文件。
10	2016 年 8 月 3 日至 4 日	中国能源局与巴基斯坦水电部在拉合尔召开中巴经济走廊能源工作会议，中国港控董事长张保中在大会再次强调解决瓜达尔水电问题的急迫性。

续表

序号	时间	序号
11	2016年8月5日	中国港控董事长张保中赴奎达专程拜访巴基斯坦南方军区司令，就瓜达尔地区及在瓜地区工作的中国员工的安全问题与巴方交换意见；俾省内政部长、移民局长、瓜达尔港务局主席等参加会议。
12	2016年8月25日	瓜达尔港口及自由区商务交流与业务洽谈会在卡拉奇PC酒店举行。
13	2016年8月25日	《瓜达尔自由区投资指南》正式对外发布。
14	2016年8月25日	中国港控与巴基斯坦国家物流公司签署战略合作协议。
15	2016年8月29日	中巴经济走廊高峰论坛及成果展在伊斯兰堡举行，由巴基斯坦计划发展部主办。谢里夫总理、计划发展部伊科巴部长和港口航运部巴真久部长等巴基斯坦政要到中国港控公司展位询问项目进展，大家均对瓜达尔港和自由区开发进度表示满意，并予以鼓励。
16	2016年9月1日	瓜达尔自由区起步区基础设施项目开工仪式在瓜达尔举行，巴基斯坦谢里夫总理参加开工典礼。
17	2016年9月1日	瓜达尔自由区第二批土地正式移交，三方协议在瓜达尔签署；至此，园区90%土地已经完成移交。
18	2016年9月1日	瓜达尔自由区向首批三家入园企业颁发营业执照，巴基斯坦谢里夫总理亲自向入园企业授予执照。
19	2016年9月1日	中国港控公司与中国和平发展基金会合作援建的中巴瓜达尔法曲尔小学正式移交给巴方，三方移交协议在瓜签署。
20	2016年9月1日	中巴法曲尔小学正式移交并投入使用。中国港控公司、瓜达尔港务局、瓜达尔发展局和瓜达尔市政府组成学校管理委员会，中国港控董事长张保中担任校管会主席，兼任学校名誉校长。
21	2016年9月25日	中远海运集团“天福”号货轮停靠瓜达尔港，第一批自由区项目建设物资到港。
22	2016年10月28日	中外运长航“瀚海”号货轮停靠瓜达尔港，第二批自由区项目建设物资到港。
23	2016年10月31日	巴基斯坦水电部在伊斯兰堡召开关于瓜达尔电力供应问题的工作会议，落实谢里夫总理关于瓜达尔300MW电厂的指示，中国港控董事长参加会议。

续表

序号	时间	序号
24	2016 年 11 月 13 日	中巴联合车队从新疆喀什成功抵达瓜达尔，标志着中巴经济走廊试联通成功。中国港控完成了瓜达尔港历史上首次集装箱班轮的装卸作业，标志着瓜达尔港已经具备了集装箱货轮的装卸能力。
25	2016 年 11 月 13 日	中国驻巴基斯坦大使孙卫东、驻卡拉奇总领事王愚慰问港控员工，并考察临时营地的建设情况。
26	2016 年 11 月 13 日	中国驻巴基斯坦大使孙卫东、驻卡拉奇总领事王愚视察中巴法曲尔小学，就设立教育基金达成意向协议。
27	2016 年 11 月 30 日	巴基斯坦总理府召开会议，确定瓜达尔电厂为燃煤电厂，总装机容量 300MW。
28	2016 年 12 月 13 日	中巴经济走廊瓜达尔港国际合作会议在瓜达尔举行。全国人大常委会委员、外事委员会副主任委员赵白鸽、中国驻巴基斯坦大使孙卫东、巴基斯坦海军参谋长默罕默德·扎考拉、港口航运部部长米尔·哈希尔·汗等出席合作会议相关活动。
29	2016 年 12 月 13 日	巴基斯坦海军在瓜达尔成立一支名为“TF88”的海上特别部队，配备包括舰船、快速攻击机、直升机以及海洋监视设备以保卫瓜达尔港区运行和相关发展建设的安全。全国人大常委会委员、外事委员会副主任委员赵白鸽、中国驻巴基斯坦大使孙卫东、巴基斯坦海军参谋长默罕默德·扎考拉、港口航运部部长米尔·哈希尔·汗等一同见证特别部队成军仪式。
30	2016 年 12 月 29 日	中国港控应邀出席中巴经济走廊第六次联委会。
31	2016 年 12 月 29 日	中国港控与巴基斯坦哈比银行有限责任公司（Habib Bank Limited）签署了关于瓜达尔自由区金融服务合作的框架协议。

瓜达尔港大事记（2017）

序号	时间	序号
1	2017 年 1 月 16 日	瓜达尔地区 300MW 燃煤电厂厂址及设计方案初步确定，电厂建设项目执行工作迈出重要一步。
2	2017 年 1 月 23 日	中国驻卡拉奇总领事馆经济商务室郭春水参赞一行视察瓜达尔，与中国港控相关负责人进行座谈。

续表

序号	时间	序号
3	2017 年 1 月 23 日	中国港控在瓜达尔举办 2017 年新春联欢会，中国驻卡拉奇经济商务室参赞郭春水、瓜达尔地区军政部门主要领导、当地社会名流出席活动。
4	2017 年 2 月 17 日	中国港控与巴基斯坦企业 Jolta 公司签署自由区土地租赁协议。
5	2017 年 2 月 17 日	“中国文化之夜”活动在瓜达尔港举行，中国港控主办，来自巴基斯坦文化教育界人士 100 多人欢聚瓜达尔港，共同分享了一场中国文化盛宴。
6	2017 年 2 月 20 日	中远海运“平安松”号到港停靠。
7	2017 年 2 月 28 日	“EASTERN LIGHT”号货轮靠港，瓜达尔港业务日渐繁忙。
8	2017 年 3 月 9 日	巴基斯坦港口航运部常秘 Khalid Pervez 考察瓜达尔港。
9	2017 年 3 月 23 日	中国港控应邀参加巴基斯坦驻华使馆举办的“巴基斯坦国庆日招待会”。
10	2017 年 3 月 26 日	中国红十字基金会和中国港控共同援建的中巴博爱医疗急救中心，建设物资运抵瓜达尔港。中国港控将协助施工，并无偿修建配套设施，该中心计划于 5 月初完成建设并投入使用。
11	2017 年 3 月 27 日	巴港口航运部常务委员会考察瓜达尔港，对瓜达尔港及自由区的建设进度十分满意。
12	2017 年 3 月 30 日	巴保险公司 EFU 在自由区挂牌营业。目前，自由区内已有两家银行，一家保险公司为入园企业提供相关服务，园区配套日渐完善。
13	2017 年 4 月 13 日	自由区公司与杭州力驰钢管厂签订投资协议，标志着瓜达尔起步区土地已全部出让，起步区招商工作基本完成。
14	2017 年 4 月 14 日	人民日报代表团考察瓜达尔，对瓜达尔港及自由区的建设情况进行报道。
15	2017 年 4 月 26 日	中国港控与国家开发银行在北京签署《关于支持巴基斯坦瓜达尔港及自由区建设的合作谅解备忘录》，合作内容包含瓜达尔地区开发贷款授信，授信额度达 100 亿人民币。

续表

序号	时间	序号
16	2017 年 5 月 7 日	2017 年 5 月 7 日，中国红十字基金会和中国港控共同援建的的“中巴博爱医疗急救中心”在瓜达尔落成。 作为急救中心的主要资助企业之一，中国海外港口控股有限公司董事长张保中在落成仪式上发言，并由陈竺委员长亲自授《致敬牌》。
17	2017 年 5 月 25 日	中央电视台纪录片摄制组考察瓜达尔，采访了小学土地的捐赠者艾哈迈德老人和数位瓜达尔发展的亲历者，并收集了瓜达尔港近年开发的相关资料，相关采访内容在中央电视台大型纪录片《大国外交》播出，受到热烈反响。
18	2017 年 7 月 11 日	“振华 28”号半潜驳，装载三台岸桥抵达瓜达尔港。岸桥前伸距 55 米，额定起吊重量 50t，可满足 10000TEU 集装箱船型作业能力。新设备的到来，将大幅提高码头集装箱装卸能力。7 月份共有“紫荆松”“长航沧海”“振华 28”“乐民”四艘货轮靠港接卸，港口码头堆满货物，业务日渐繁忙。
19	2017 年 8 月 22 日	应巴基斯坦证券交易所邀请，中国港控董事长张保中、财务总监吴春国与巴交所董事长 Muneer Kamal 及高管进行了友好会晤，巴交所期待与中国港控在投融资等领域展开广泛合作。
20	2017 年 8 月 23 日及 8 月 29 日	中国进出口银行、国家开发银行代表团分别抵达瓜达尔进行考察，两家银行均表示高度关注“中巴经济走廊”建设尤其是瓜达尔港项目的发展，将进一步与中国港控加强合作，积极研究为瓜达尔相关项目提供融资，创新模式，推动瓜达尔发展。
21	2017 年 8 月 29 日	中巴经济走廊高峰论坛及成果展在伊斯兰堡举行，由巴基斯坦计划发展部主办。谢里夫总理等巴基斯坦政要对瓜达尔港和自由区开发进度表示满意，并予以鼓励。
22	2017 年 9 月 6 日	中国港控从振华重工购买的两台全新岸桥抵达瓜达尔港，新设备的到来，将大幅提高码头集装箱装卸能力。
23	2017 年 9 月 6 日及 9 月 13 日	驻卡拉奇总领馆经商室郭春水参赞及驻卡拉奇总领馆副总领事陈小冬分别对瓜达尔港的运营和自由区的建设进展情况进行实地考察。

续表

序号	时间	序号
24	2017年9月22日	中国首个援巴医疗队抵达巴基斯坦瓜达尔港，为中资企业及当地民众提供医疗服务。
25	2017年9月24日	中国交通运输部副部长戴东昌率团视察瓜达尔港及自由区。期间，中国交建与瓜达尔港务局签署《东湾快速路工程承包合同》。
26	2017年10月18日	中国港控瓜达尔联合党总支组织在瓜企业党员集体观看十九大开幕实况直播。开幕式后，中国港控瓜达尔联合党总支部组织在瓜党员重温“入党誓词”。
27	2017年10月31日	中国港控与“一带一路国际科学家联盟”签署合作框架协议。
28	2017年11月1日	克拉玛依－瓜达尔友好城市气象站在瓜达尔港落成。
29	2017年11月22日	由中国政府援助的瓜达尔东湾快速路项目正式动工。巴基斯坦总理沙希德·哈坎·阿巴西带领部门内阁高官出席开工仪式并亲自为项目奠基。
30	2017年11月22日	巴基斯坦总理沙希德·可汗·阿巴西、中国驻巴基斯坦大使姚敬、俾路支斯坦首席部长纳瓦伯·萨那欧拉·泽赫里乘专机前往瓜达尔，视察瓜达尔港及自由区。
31	2017年11月22日	中国驻巴基斯坦大使姚敬在瓜达尔港视察期间，亲切会见中巴瓜达尔地区法曲尔小学校长默罕默德·尤纳斯及学生代表，并代表中国驻巴使馆向法曲尔小学捐赠助学金680万卢比，该基金由大使馆和中国港控共同监督使用。
32	2017年12月1日	中国驻卡拉奇总领馆党委书记、总领事王愚为瓜达尔全体党员授党课，分享十九大报告学习体会，要求全体党员要以十九大精神为指引，推动瓜达尔港及自由区的建设和发展。
33	2017年12月1日	巴基斯坦海事部部长海斯尔·可汗·毕赞久率团抵达瓜达尔港，与中国港控进行了座谈并实地考察了瓜达尔港及自由区的海水淡化设施。

瓜达尔港大事记（2018）

序号	时间	序号
1	2018 年 1 月 1 日	瓜达尔自由区海水淡化厂建成投产，向瓜达尔市民供水。
2	2018 年 1 月 20 日	巴基斯坦计划发展部长兼内政部长伊克巴尔率巴基斯坦媒体访问团视察瓜达尔港口及自由区。
3	2018 年 1 月 29 日	瓜达尔自由区开园仪式暨第一届瓜达尔国际商品展销会成功举办，巴基斯坦政府总理阿巴西、海洋事务部长毕赞久、俾路支省总督阿查克扎伊、俾路支省首席部长卡杜斯、计划发展部兼内政部长伊克巴尔、参联会主席祖拜尔等众多政要及中国驻巴基斯坦大使姚敬专成到瓜达尔出席。作为瓜达尔历史上第一次大型国际会展，本次交易会呈现出了中巴两国政府高度重视、民众参与度高、成果丰硕等鲜明特点。
4	2018 年 2 月 2 日	中国海外港口控股有限公司荣获全巴中资企业协会卡拉奇分会“年度突出贡献奖”和“最佳企业形象奖”。 中国驻卡拉奇总领事王愚为公司颁发了奖牌及荣誉证书。
5	2018 年 3 月 7 日	瓜达尔港正式开通了“巴基斯坦瓜达尔中东快线”，该航线由中远海运集运运营，将以杰贝阿里、卡拉奇、卡西姆、阿布扎比作为中转港，依托中远海运集运的 16 条国际航线，为全球客户提供进出瓜达尔港的国际服务。这标志着瓜达尔港将连通全世界几乎所有大型港口，也标志着瓜达尔港口发展又迈进了一大步，开启了瓜达尔港国际化发展的新篇章。
6	2018 年 3 月 12 日	全巴工商总会第十次会议在瓜达尔隆重召开，巴基斯坦财政部国务部长拉那·阿夫扎·汗、中国驻卡拉奇总领事王愚、中国港控公司董事长张保中及巴基斯坦各地区商会会长近 300 人参加了此次会议。
7	2018 年 3 月 18 日	巴基斯坦计划发展部兼内政部长伊克巴尔、中国驻伊斯兰堡大使馆公使衔参赞赵立坚率中巴媒体团考察瓜达尔港及自由区。
8	2018 年 4 月 20 日	国家开发银行国合局亚太部副主任杨李梅率团考察瓜达尔港及自由区。
9	2018 年 4 月 28 日	巴基斯坦著名大学银都思（Indus University）授予中国港控公司 2017 年度管理金奖。

续表

序号	时间	序号
10	2018 年 4 月 30 日	巴基斯坦参议院主席萨迪克·桑吉拉尼、巴基斯坦财政部长、税务总长、海关总署署长分别会见会见张保中董事长，就港口海关配合及自由区关税问题听取中方意见。
11	2018 年 5 月 1 日	中国红十字会副理事长刘选国率领第二批红十字援外医疗队抵达瓜达尔，中国港控公司协助完成第一、第二批医疗队的交接工作，并会谈商讨第二批医疗队后续相关工作的开展。
12	2018 年 5 月 6 日	中国港控与俾路支省政府签署日供应 30 万加仑淡化水合作协议。
13	2018 年 5 月 8 日	国务院国有资产监督管理委员会副主任黄丹华赴瓜达尔港及自由区调研。中国驻卡拉奇总领馆总领事王愚、中国驻卡拉奇经商室参赞郭春水及中国交建副总裁孙子宇参与相关活动。
14	2018 年 5 月 15 日	巴基斯坦代理总统兼参议院主席萨迪克·桑吉拉尼率团视察瓜达尔港及自由区，出席中国港控瓜达尔淡水供应启动仪式。 中国驻卡拉奇总领馆经商室参赞郭春水、参议员卡伍达·巴尔、瓜达尔市长巴布·古勒、海军准将艾哈麦迪·阿旺、陆军准将卡麦尔·阿夫扎尔及瓜达尔港务局长道斯汀·贾巴蒂尼等陪同出席相关活动。
15	2018 年 6 月 1 日	中国海外港口控股有限公司、中经网传媒有限公司、巴基斯坦 VSH 新闻电视台、中巴投资有限责任公司，四家公司共同签署《瓜港资讯 APP 建设合作协议》。
16	2018 年 6 月 25 日	中国港控公司为赴华参加学习班学员送行。
17	2018 年 7 月 18 日	俾路支省首席部长阿劳丁·马瑞率团视察瓜港及自由区，并见证俾路支省公共健康环境部与中国港控日供应 150 万加仑淡水换文仪式。
18	2018 年 8 月 1 日	中国和平发展基金会副秘书长王华率团访问瓜港、法曲尔中学。

续表

序号	时间	序号
19	2018 年 9 月 28 日	首届“瓜达尔矿石、大理石展销会及矿产发展研讨会”在瓜达尔成功举行。 俾路支省首席部长卡玛尔·汗、联邦国防生产部长祖拜达·嘉拉等众多政要专程到瓜达尔出席。来自中巴两国 100 多家公司和商会组织近 500 多人参加展会，展会成交额及意向协议超亿元人民币。
20	2018 年 9 月 28 日	中国港控公司在瓜达尔自由区商务中心举行文艺晚会，隆重庆祝中华人民共和国成立 69 周年。 俾路支省首席部长卡玛尔·汗、联邦国防部长祖拜达·嘉拉作为特邀贵宾出席，瓜达尔地区行政长官、瓜达尔港务局、瓜达尔发展局、驻瓜达尔陆军、海军、新疆克拉玛依市政府代表团、中国贸促会河南分会代表团、在瓜中资机构 300 多人参加了这次活动。
21	2018 年 10 月 1 日	“中巴经济走廊”瓜达尔港工作组预备会议在自由区商务中心召开，参加会议的单位有瓜达尔港务局、瓜达尔发展局、瓜达尔行政长官、中国港控及中国红十字医疗队等。
22	2018 年 10 月 2 日	沙特阿拉伯驻巴基斯坦大使纳瓦夫·萨伊德及沙特能源、工业矿产部顾问艾哈迈德·哈马迪率领的沙特阿拉伯政商代表团访问瓜港及自由区。中国港控董事长张保中、巴基斯坦计划发展部、石油部、投资局、马克兰地区行政长官、瓜达尔港务局、发展局等官员陪同参观访问。
23	2018 年 10 月 29 日	“亚州议会联盟大会”在瓜达尔顺利召开，这是瓜达尔第一次举办大型国际性会议。 巴基斯坦代总统/参议院主席萨迪克·桑吉拉尼、亚州议会联盟秘书长瑞扎·马吉德、各国议会联盟秘书长马丁·淳宫、中国全国人大常委会委员、外事委员会委员陈福利及土耳其、沙特等 26 个国家议会领导人出席会议。

续表

序号	时间	序号
24	2018年10月30日	公司发起组织的“共建绿色与清洁巴基斯坦”“瓜达尔百万棵树”种植项目正式启动，巴基斯坦代总统/参议院主席萨迪克·桑吉拉尼、亚州议会联盟秘书长瑞扎·马吉德、各国议会联盟秘书长马丁·淳宫、中国全国人大常委会委员、外事委员会委员陈福利及土耳其、沙特等26个国家议会领导人出席。
25	2018年10月30日	巴基斯坦俾路支省政府在瓜达尔自由区举办文艺晚会，巴基斯坦代总统/参议院主席萨迪克·桑吉拉尼、亚州议会联盟秘书长瑞扎·马吉德、各国议会联盟秘书长马丁·淳宫、中国全国人大常委会委员、外事委员会委员陈福利及土耳其、沙特等26个国家议会领导人，当地陆军、海军及社会各界人士500余人参加。
26	2018年11月2日－5日	新当选的巴基斯坦总理伊姆兰·汗首次访华。 中巴双方重申致力于中巴经济走廊建设，一致认为中巴经济走廊是合作共赢的项目。两国政府发表的联合声明中指出“瓜达尔港是跨区域互联互通的重要节点和中巴经济走廊的支柱，双方同意加快瓜达尔港港口和配套项目建设”。
27	2018年11月26日	瓜达尔各界在瓜达尔自由区商务中心举行隆重集会，追悼在11月23日中国驻卡拉奇总领馆遭遇袭击中殉职的巴基斯坦警官。当地长老、瓜达尔警察局、陆军、海军、边防军、瓜达尔港务局、在瓜中资企业代表及社会各界人士300余人参加悼念活动。
28	2018年12月20日	中巴经济走廊第八次联委会在北京召开，中国港控董事长张保中应邀出席会议，并代表瓜达尔工作组汇报瓜达尔开发情况。

瓜达尔港大事记（2019）

序号	时间	序号
1	2019年1月1日	巴基斯坦阿里夫·哈比卜集团有限公司董事长Arif Habib先生、巴基斯坦希迪逊集团有限公司董事长Tariq Rafi、巴基斯坦多姆门集团有限公司董事长Nadeem Raiz及前任巴基斯坦工商联合会主席Khalid Tawab率团考察瓜达尔港及自由区。中国港控公司董事长张保中陪同考察活动。

续表

序号	时间	序号
2	2019 年 1 月 2 日	巴基斯坦阿斯卡里银行总裁 Abid Saltar 先生一行抵达瓜达尔，实地考察了瓜达尔港及自由区，中国港控公司董事长张保中陪同考察活动。
3	2019 年 1 月 2 日	沙特阿拉伯驻巴基斯坦大使 Nawaf Saeed 阁下及沙特阿拉伯能源部顾问 Ahmed Hamed Al - Ghamadi 阁下再次携大型商务考察团访问瓜达尔港及自由区。中国港控董事长张保中、瓜达尔港务局长 Dostain Khan Jamaldini、瓜达尔发展局长 Sajjad Hussain 及瓜达尔地区行政长官 Saidal Khan Luni 等陪同参观访问。
4	2019 年 1 月 12 日	沙特阿拉伯能源、工业和矿产大臣哈利德·阿卜杜拉基·阿·兹法利赫阁下（Khalid Abudlaziz D. Al - Failih）率大型代表团访问瓜达尔港及自由区。沙特能源、工业和矿产部顾问艾哈迈德·哈马迪（Ahmed H. Ghamadi）、沙特阿美公司 CEO 阿卜尼安·伊布兰哈姆·卡西姆（Al Buanian Ibrahum Qasim）、巴基斯坦海事部长萨伊德·阿里·海德尔（Syed Ali Haider）、巴基斯坦石油部长胡拉姆·瑟宛尔·可汗（Ghulam Sarwar Khan）、瓜达尔港务局长道斯汀·可汗·贾马蒂尼（Dostain Khan Jamaldini）、瓜达尔发展局长萨贾德·胡塞因（Sajjad Hussain）及中国港控公司董事长张保中等陪同参观访问。
5	2019 年 2 月 20 日	巴基斯坦联邦收入委员会（Federal Board of Revenue）在瓜达尔港举办了为期三天的 WEBOC（Web Based One Customs）系统操作培训，瓜达尔港海关、瓜达尔港务局、中国港控公司、当地货运代理及多家入园企业代表共 100 余人分三批次参训。
6	2019 年 2 月 23 日	由中国科学院地理科学与资源研究所、中国科学院新疆生态与地理研究所和天津中科无人机应用研究院等 9 名著名科学家组成的中国科学院“丝路环境专项”瓜达尔港科学考察团对瓜达尔港及自由区进行实地科学考察。
7	2019 年 3 月 1 日	中国港控公司在自由区商务中心为刚刚卸任巴基斯坦瓜达尔港务局主席道斯汀·可汗·贾马蒂尼（Dostain Khan Jmaldini）举行欢送仪式，同时迎接新上任的纳赛尔·卡沙尼（Naseer Kashani）主席。中国港控、瓜达尔港务局、中国红会援外医疗队及自由区入园企业代表共计百余人参加。

续表

序号	时间	序号
8	2019 年 3 月 28 至 29 日	由中国海外港口控股有限公司、瓜达尔港务局共同主办的第二届瓜达尔国际商品展销会于自由区商务中心成功举行。巴基斯坦总理伊姆兰·汗、陆军参谋长卡玛尔·贾韦德·本杰瓦、计划发展部张马克杜姆·库索尔·巴克哈特亚、外交部长沙贺·麦哈姆德·库瑞西、俾路支首席部长詹姆·卡玛尔·可汗、海事部长 阿里·海德尔·宰蒂、国防生产部长佐必达·贾拉尔女士、气候变化部顾问马利克·阿米恩·阿斯兰、中国驻巴基斯坦大使姚敬、驻卡拉奇总领事王愚等中巴高级官员参加相关活动。
9	2019 年 4 月 27 日	第二届“一带一路”国际合作高峰论坛开幕，共 40 个国家和国际组织的领导人出席圆桌峰会，围绕“共建‘一带一路’、开创美好未来”的主题，就推进互联互通、加强政策对接以及推动绿色和可持续发展等议题深入交换意见，达成广泛共识，并通过了联合公报。 论坛上，习近平主席提出，“我们将推进建设经济走廊，发展经贸产业合作园区，继续加强市场、规制、标准等方面软联通。”
10	2019 年 5 月 10 日	英国少将约翰·克雷格·劳伦斯率英国皇家防务学院代表团访问瓜达尔港及自由区，代表团包括来自英国、美国、日本、突尼斯及肯尼亚等国共 16 名高级军官及文官。瓜达尔港务局长纳赛尔·卡莎尼、瓜达尔发展局长萨贾德、巴陆、海军高级官员及中国港控董事长张保中等参加活动。
11	2019 年 5 月 11 日	4 名恐怖分子袭击瓜达尔 PC 酒店，造成 5 人死亡，6 人受伤，自由区内部分建筑受损。事发后，俾路支解放军（BLA）宣称对此事负责。
12	2019 年 5 月 13 日	俾路支斯坦首席秘书长阿克塔·纳兹尔、内政部长齐亚·兰戈维奇、宣传部长扎乎尔·布勒迪、俾路支警局检察总长莫信·巴特等一行抵达瓜达尔，慰问驻瓜中资企业全体员工。马克兰行政长官塔里克·泽赫利、瓜达尔地区行政长官穆罕默德·瓦西姆、瓜达尔港务局长纳赛尔·卡沙尼、陆军 440 旅长莫罕穆德·罗捷尔等陪同。

续表

序号	时间	序号
13	2019 年 5 月 15 日	“5·11”事件发生后，中国驻卡拉奇总领馆经商室郭春水参赞一行乘最近的商业航班抵达瓜达尔，慰问驻瓜中资企业全体员工，检查港口、自由区及东湾快速路项目安防情况。
14	2019 年 5 月 16 日	瓜达尔 PC 酒店举行遇袭后首场开斋晚宴，应 PC 酒店总经理伊克巴尔·默罕默德的邀请，公司董事长张保中带领公司中巴员工代表参加活动。
15	2019 年 5 月 29 日	中国驻巴基斯坦大使姚敬、驻卡拉奇总领事王愚一行莅临瓜达尔港及自由区，详细考察了瓜达尔相关项目进展情况及安全保卫工作，会见驻瓜陆军、海军、政府主要官员、部落首领、当地议会议员、社会活动家、渔民协会及工商界代表。
16	2019 年 7 月 1 日	为隆重纪念中国共产党成立 98 周年，激励驻瓜党员坚定理想信念，在工作中奋发有为、积极进取，中国港控联合党总支在瓜达尔自由区组织开展迎七一“不忘初心，牢记使命”系列主题活动。
17	2019 年 7 月 4 日	瓜达尔渔业协会秘书长尤纳斯一行访问瓜达尔自由区，双方就职业培训、渔民再就业等民生问题交换意见。
18	2019 年 7 月 9 日	中国驻巴基斯坦武官陈文荣少将、副武官蒋庆施大校以及情报代表鞠涛上校一行抵达瓜达尔港，慰问在港中资企业和员工，并对自由区、东湾快速路项目进行考察和调研，针对各个公司提出来的意见和建议，与巴军方进行沟通交流。
19	2019 年 7 月 11 日	中交海外事业部副总经理蔡传胜一行抵达瓜达尔港，慰问在港中资企业和员工，并对自由区和东湾项目进行专项安保调研，同时拟定在瓜港和东湾快速路建立北斗卫星定位和指挥系统。
20	2019 年 8 月 23 日	丝路青年论坛·首届中巴青年大会在瓜达尔自由区成功举办
21	2019 年 8 月 27 日	发改委高健司长等人莅临瓜达尔港，在瓜期间，工作组分别与中方企业/GPA/GDA 召开会议。同时，祭奠烈士英雄，参观法曲尔中学，并向老师及学生赠送礼品。

续表

序号	时间	序号
22	2019 年 9 月 16 日	俾路支省首席秘书访问瓜达尔港。高度赞扬中国港控公司开发运营瓜达尔港和自由区的突破性进展以及积极履行社会责任的企业精神，并对中方长期以来给予瓜达尔的支持和帮助表示衷心的感谢。他强调，俾路支省政府和人民群众将继续坚定支持瓜达尔港及自由区的建设和运营工作。
23	2019 年 10 月 1 日	中国海外港口控股有限公司举办系列活动，热烈庆祝新中国成立 70 周年。上午七时，瓜达尔港 83 名中国员工齐聚港控会议厅收看庆祝中华人民共和国成立 70 周年大会、阅兵式和群众游行；十时整，升旗仪式正式开始，四十五名瓜达尔法曲尔中学学生与在场中国员工共同高歌《义勇军进行曲》；升旗仪式后，张保中董事长、海军第三营营长阿比德上校以及港务局总经理阿西姆·蒂瓦纳先生向参加活动的法曲尔师生颁发了“大使奖学金”，获奖人员包括教师 15 名、学生 30 名。
24	2019 年 10 月 8 日	中国港控董事长张保中应邀出席巴基斯坦海事部、财政部、媒体中心组织的新闻发布会，就瓜达尔自由区的进展情况，发展规划以及自由区的税收优惠政策回答记者们的提问。
25	2019 年 10 月 14 日	巴基斯坦参议院海事委员会在瓜达尔港召开专门会议，检查瓜达尔港口及自由区优惠政策落实情况。
26	2019 年 11 月 4 日	国家发展改革委副主任宁吉喆到瓜港考察并出席中国援巴 4000 套太阳能设施移交、中巴法曲尔中学扩建、瓜达尔 300MW 燃煤电厂等项目奠基仪式。巴基斯坦参议院主席萨迪克·桑切拉尼、巴基斯坦计划发展改革部部长巴赫蒂亚尔、中国驻巴基斯坦大使姚敬、驻卡拉奇总领馆商务参赞郭春水、中国和平发展基金会副秘书长王华、巴基斯坦驻中国大使纳格玛娜·哈希米、中国交建副总裁孙子宇等陪同考察。
27	2019 年 11 月 29 日	联合国原副秘书长、中国·巴基斯坦友好协会会长沙祖康大使考察瓜达尔港，并出席瓜达尔绿色经济发展论坛。俾路支省畜牧部常秘 Mr. Dostin Jamadini、巴工商联合会副主席 Mr. Tariq Haleem、瓜达尔发展局总经理 Mr. Shahzaib Kakar、中国海外港口控股有限公司董事长张保中、国际绿色经济协会会长邓继海等出席论坛。

续表

序号	时间	序号
28	2019 年 12 月 3 日	濮阳市人民代表大会常委委员会副主任邹东波为团长，市人大秘书处、城市管理局、对外友好协会、市人民医院为主要成员的濮阳市友好代表团访问瓜达尔。期间，与瓜达尔行政长官签署了《濮阳市捐建瓜达尔市友好城市林协议》，与瓜达尔发展局医院签署了《濮阳市人民医院・瓜达尔发展局医院医疗合作协议》。

瓜达尔港大事记（2020）

序号	时间	序号
1	2020 年 1 月 07 日	中国驻卡拉奇总领馆的李碧建总领事率团到瓜达尔调研，详细考察了瓜达尔地区各中资项目进展情况及安全保卫等工作。
2	2020 年 1 月 07 日	LPG 项目正式运营。运营商 Al Qasim 公司在港口举行了首航仪式，装载约 3900 吨液化石油气的 LPG 船顺利抵达瓜达尔港 3 号泊位，根据瓜达尔国际码头有限公司和 AL Qasim 公司签订的合作协议，运营商每月将进口约 5000 吨液化石油气。
3	2020 年 1 月 14 日	由迪拜杰贝阿里港转口阿富汗的集装箱试运成功。瓜达尔港首次开展阿富汗过境贸易业务正式启动。此后每月将为港口带来 300 ~ 500 个集装箱运量。
4	2020 年 1 月 28 日	德国驻巴基斯坦大使访问公司驻卡拉奇办事处，向中巴员工致以新春祝福，与公司领导举行详细会谈。
5	2020 年 2 月 24 日	来自巴林、保加利亚、阿富汗、中非、埃塞俄比亚、伊拉克、哈萨克斯坦、吉尔吉斯斯坦、马尔代夫、马里、毛里塔尼亚、摩洛哥、纳米比亚、尼泊尔、巴勒斯坦、所罗门群岛、南非、南苏丹、斯里兰卡、苏丹、塔吉克斯坦、乌克兰、乌兹别克斯坦、也门及赞比亚等 25 个国家 33 名外交官们到访瓜达尔港和自由区。
6	2020 年 2 年 29 日	中巴友谊林正式开始种植。
7	2020 年 3 月 5 日	“瓜达尔疫情防控协调会议”，中国港控、中交巴基斯坦投资有限公司及中国交建东湾快速路项目部向瓜达尔医院捐赠防疫物资。

续表

序号	时间	序号
8	2020年4月13日	中国驻卡拉奇总领馆携中国港控、中国交建、中国中铁、北京城建、中国民航机场建设集团、甘肃建设集团等在瓜中资企业，共同向俾路支省2000户贫困家庭捐赠50吨面粉、4000公斤白糖、2000升食用油以及2000公斤椰枣等用于此次斋月和疫情救助。
9	2020年4月17日	巴基斯坦商务部正式签发公告，允许瓜达尔港以密封卡车散装方式（sealable truck）运输阿富汗过境货物。根据该公告，运往阿富汗的货物改变了过去必须要采取集装箱方式运输的模式。此举将大幅度降低客户和保税运输商风险和成本费用，极大提高广大客户及保税运输商把瓜港作为目的港的积极性。对提高瓜港在南亚地区航运地位，为巴基斯坦获取更多的阿富汗过境货物市场份额起到积极推动作用。
10	2020年5月	载有1.6万吨化肥的中型货轮抵达瓜港，这批化肥将通过瓜达尔港中转，经陆路运往阿富汗。
11	2020年7月1日	巴基斯坦联邦政府颁布2020年财政法案，彻底落实自由区所有免税政策。
12	2020年7月28日	巴基斯坦参谋长联席会议主席纳迪姆·拉扎将军及随行人员访问瓜达尔港和自由区。
13	2020年8月5日	中巴友谊林友谊林建设完成。
14	2020年8月27日	各国议会联盟主席加布里埃拉·奎瓦斯·巴伦女士访问瓜达尔港及自由区，出席宁夏真呐中巴文化发展有限公司、河北大学跨文化传播研究中心乌尔都语版中国传统故事书捐赠仪式。
15	2020年11月30日	瓜达尔港联合工作组第五次会议以视频形式召开。会议由中华人民共和国国家发展和改革委员会国际合作司应雄先生（正司长级）和巴基斯坦伊斯兰共和国计划发展和特殊战略部常秘马瑟·尼亚兹·拉纳先生共同主持。中国港控董事长张保中向会议汇报了瓜达尔港口和自由区的进展情况。会议对中国港控在疫情之下取得得成绩表示高度赞赏。

附录 2　关于瓜达尔的新闻报道

“这是下一个香港”——瓜达尔港焕发新生

新华社新媒体

发布时间：2018－02－02　16：54 新华社官方帐号

新华社巴基斯坦瓜达尔2月1日电（记者季伟　杨定都）

首届瓜达尔国际商品展销会刚刚闭幕，巴基斯坦人穆罕穆德·尼亚齐有些遗憾。他是一家海鲜出口公司总经理，展销会实在太火，订不上展位。但尼亚齐还是带着员工从四五百公里外的卡拉奇来见证瓜达尔的盛况。“中国公司接手以来，瓜达尔发展很快，我们对这里很有信心。”

4年前的2月，中国国家主席习近平与巴基斯坦总统侯赛因达成共识，将瓜达尔港列为中巴经济走廊建设的旗舰项目。

如今，瓜达尔港自由区开园，并举行国际商品展销会，吸引了多国企业参展。这标志着瓜达尔港建设进入新阶段，经济活力开始显现，中巴经济走廊通往印度洋的门户已经开启，巴基斯坦人民把瓜达尔建成“下一个迪拜”的梦想正在走向现实。

点亮梦想

深水良港瓜达尔位于中东、中亚、南亚的交汇处，位于波斯湾的入海口、霍尔木兹海峡湾口，靠近重要的国际航线，地理位置得天独厚，却迟迟未能发展成为世界级港口城市。近几年，中国港控公司取得运营权后，瓜达尔港发展提速，重新点亮了当地人的梦想。

当地银行职员艾哈迈德·阿万说，瓜达尔将会引领巴基斯坦的经济发展，将成为下一个“香港”“迪拜”。

据建设和运营瓜达尔港的中国港控介绍，展销会有150个展位，但报名参展的企业多达5000家，超过25000人观展。参展企业来自中国、巴基斯坦、伊朗、阿富汗、沙特、阿曼等国，涉及金融、房产、建材、汽车、食品加工、园林绿化等众多领域。

巴基斯坦航空公司还特意增加航班，会前几天，航班数从1天1班增加到1天2班，会中更是增加到了1天4班。目前，前往瓜达尔还需要从卡拉奇转机。为了满足不断增长的需求，巴航宣布将于今年底开通从首都伊斯兰堡直飞瓜达尔的航班。

与展会同时举行的，还有瓜达尔自由区的开园仪式。这片25英亩的自由贸易园区，一年前还只是一片工地，如今物流、仓储、工厂、酒店、商业配套拔地而起，已经建成为功能齐全的现代化园区。

巴方负责统一协调中巴经济走廊实施的内政部长兼计划发展部长伊克巴尔在开园仪式上说，“自由区开园是个重要的日子，是我们一同见证梦想实现的时刻”。

改善民生

瓜达尔港自由区建成之前就已经完成招商，吸收包括酒店、银行、保险公司、金融租赁、物流、仓库、粮油加工、渔业加工、家电组装等30多家中、巴企业入驻，直接投资额超过30亿人民币。

瓜达尔港自由区副总经理胡耀宗介绍，入驻企业全部投产后，年产值将超过50亿人民币，将为这座人口不足10万的渔业小城居民创造大量的工作机会。

瓜达尔经济发展刚刚起步，没水喝、没学上、缺医少药等难题依然困扰当地民众。中国港控与当地政府合作，协助建设海水淡化设施，以成本价为当地居民每天提供100万加仑淡水。中国红十字基金会也派出12名来自华山医院的医疗专家，在瓜达尔治病救人。中国和平发展基金会在瓜达尔建设中巴法曲尔小学，成为当地的模范学校。

中国投资给瓜达尔带来实实在在的好处，不仅有助于改善当地民生，也有利于提升投资、生活环境，吸引投资、促进人才培养。胡耀宗说："对当地社区有利，对企业发展更有利。"

瓜达尔港务局主席杜斯廷·贾迈勒迪尼说，许多有经验、有实力的中国企业纷纷到瓜达尔发展，给本地企业在瓜达尔发展注入信心。不久的将来，瓜达尔将成为人们经商、旅游的理想之地，成为国际和地区贸易中心。

美国《福布斯》杂志撰稿人韦德·谢泼德说，在城市发展方面，中国建设者眼光长远，善于耐心培育商业环境，常常能够将偏远的小村发展成繁华的现代都市。

引领发展

巴基斯坦总理阿巴西在开园仪式上表示，瓜达尔港自由区是"一带一路"上又一个实实在在的成果。他说，瓜达尔可成为中亚与南亚共同的海运门户，不仅有利于巴基斯坦，还将惠及中亚，促进地区乃至全球贸易。

中巴经济走廊近年来取得了众多成果，特别是高速公路、铁路、油气管道、光纤等互联互通基础设施建设。阿巴西在出席今年瑞士达沃斯年会时表示，中巴经济走廊帮助巴方提升效率，降低成本，吸引外资。

随着中巴经济走廊水电、风电、太阳能等发电项目的建设，困扰巴基斯坦数十年的缺电问题正在缓解。巴基斯坦能源部发言人扎法尔·雅布·汗日前说，巴基斯坦总的电力供应已经改善，全国一半以上的地区不再停电。

而5年前，巴基斯坦还极度缺电，不少地方每天只能供电15小时。保障电力供应，不仅关乎民生，更将对巴基斯坦经济发展产生深远的影响。

谢泼德认为，中巴经济走廊目标明确，计划清晰，为双方合作项目落地和进展打下基础。根据2017年公布的《中巴经济走廊长期规划》，2020年之前，中巴经济走廊将初步成型，基本打破限制巴基斯坦经济社会发展的瓶颈，开始带动沿线国家经济发展。

网址：https：//baijiahao. baidu. com/s？ id = 1591278650329037855&wfr = spider&for = pc

重返现场之瓜达尔港　瓜达尔港的穷人穆哈迈德

2017 -04 -09 16：03：35 国际在线

国际在线报道（中国国际广播电台记者 王琦）：

2013年，也就是巴基斯坦政府将瓜达尔港运营权移交中方那年，当地1000平方码（约合836平方米）土地的价格大约50万卢比，而现在同样地块叫价750万卢比（约合49万元人民币），涨了15倍。

在瓜达尔地价迅速起飞之际，穆哈迈德老人把自己一块752.44平方米的土地无偿捐给政府，中国和平发展基金会和拥有瓜达尔港运营权的中国海外港口控股有限公司则在这里共同援建了瓜达尔市法曲尔小学，并于去年9月投入使用，计划招收150人，实际已收纳349名学生。

65岁的穆哈迈德并不富裕，他有3子1女，大儿子结婚后又生下3个男孩，现在全家共10口人。26岁的大儿子是政府公务员，每月收入15000～16000卢比，目前正在中方资助下在郑州理工学院进修6个月的中文；二儿子是工人，一天能挣1000到1500卢比，小儿子和女儿还在法曲尔小学上学。家里还有4个铺面出租，算下来穆哈迈德一家月收入约40000卢比（约合2600元）。

得知中国人想给当地建小学，经过两个月的考虑，穆哈迈德决定捐地，“我们这个地方上过学的人很少，教育资源很有限。为了受教育，我们的孩子要去10公里外的另一个镇子，甚至另一个城市去上学。所以当我听说中国人要来援建学校，我就义无反顾地把地捐了。”据了解，目前752.44平方米的学校用地，市场价约600万卢比（约40万元）。“当初捐地时，亲戚们都表示支持，但看到地价蹭蹭往上涨，他们开始唠叨了，说你为啥把地捐了，亏大了。但我说，没这个学校，这块地啥也不是，就因为盖了学校，地价才涨起来的。而且我不关心地价升到多高，我关心的只是孩子们有学上。”

网址：http://news.cri.cn/old/20170409/4d688647－c9cc－4353－fbe7－d56f1ab3a5dd.html

通讯：推动瓜达尔发展的中国建设者

2018－07－09 13:15:05　新华网

新华社伊斯兰堡7月9日电　通讯：推动瓜达尔发展的中国建设者

新华社记者刘天　蒋超

在巴基斯坦西南部的瓜达尔港区内，一辆黑色越野车急速行驶。中国海外港口控股有限公司（中国港控）的董事长兼总经理张保中正紧急赶往港区外的海水淡化厂查看供水管道连接点出现的漏水情况。

一下车，张保中的一只脚就陷进淤泥，快60岁的他打了个踉跄。“太可惜了，”张保中说，“这些水对瓜达尔老百姓非常珍贵。”

由中国港控新建的海水淡化厂 7 月 3 日刚和瓜达尔市供水管道相连接并于当晚向瓜达尔市区供水。但由于港区外瓜达尔市政人员负责安装的连接点出现漏点，试供水的好几吨饮用水全部涌出管道，渗进荒地里。

按照汽车仪表盘显示，车外温度接近 40 摄氏度。正在现场查看的张保中已是大汗淋漓，他说："这在瓜达尔是正常温度了，不算热，这儿最热时要 50 多度。"

瓜达尔地区属于巴基斯坦发展最落后的俾路支省，自然条件十分恶劣。虽然背靠阿拉伯海，却常年干旱少雨，极度缺水。居民用水都是用水车从几十甚至一百公里外的水库拉到市里。近年来，由于自然气候变化，周边水库日渐干涸，瓜达尔民众吃水越来越难，成为突出的民生问题。

几经波折，俾路支省政府在今年 5 月 6 日和中国港控签订了供水协议，当地政府从中国港控以成本价每天购买 30 万加仑海水淡化水，免费发放给当地民众。在铺设供水管线前，中国港控同政府协调水车到海水淡化厂拉水向市民供应。这一举动有助于当地政府缓解社会矛盾。

除了向瓜达尔市区供应饮用水，中国港控还积极推动一系列社会公益项目落地瓜达尔，包括为中巴博爱医疗急救中心提供建设用地和建设房屋、推动中国和平发展基金会在瓜达尔建设中巴法曲尔小学等。

2015 年 8 月，初到瓜达尔的张保中被这片荒凉的戈壁沙漠所震撼。他向记者讲述说，更让他难以想象的是瓜达尔没有任何物流和商品供应系统，这给建设和运营港口带来巨大困难。"一颗钉子或螺丝帽出现问题，我们都要去 700 公里外的卡拉奇采购。港区内没有电话信号，电话打不出去，短信发不出去，完全和外界失去联系，那种感觉非常无助。"

生活和工作在这个"被遗忘的角落"需要付出常人难以想象的艰辛。从 3 月开始，瓜达尔的气温就能达到 40 摄氏度以上，最热时地面温度能飙升到将近70摄氏度。8月左右，瓜达尔附近海域会出现严重的赤潮，整个瓜达尔都笼罩在令人难以忍受的臭味之中。

面对恶劣环境，中国港控全身心投入到瓜达尔港的建设中。张保中说："现在，瓜达尔每几个月就能发生新变化。能够取得现在的成绩，和我们这个团结的团队分不开。"

去年1月，大学刚毕业的陈炳玮进入中国港控工作，来到瓜达尔港。仅一年半时间，他就见证了一系列变化：瓜达尔港有了自己的航线和定期班轮；在自由区起步区原来的滩涂上，5个半月就矗立起一座商业中心大楼，被称为"俾路支省最好的大楼"；20多家进驻自由区起步区的企业厂房正在紧张建设中……

"能够在瓜达尔港工作，参与到'一带一路'建设中，我感到非常荣幸。在瓜达尔的工作生活将成为我生命中意义非凡的经历。"陈炳玮告诉记者。

港区和自由区的建设也带动了瓜达尔市区的快速发展：瓜达尔每周一班的航班增加到每天一班；手机卡使用量从10万张增长到20多万张；国内外投资者络绎不绝，希望在瓜达尔找到大商机。

"都说巴中是'铁哥们儿'。在瓜达尔，大家都知道我和张保中是'同胞兄弟'，我们在推动瓜达尔发展上有很多共同见解，"瓜达尔港务局主席杜斯廷·贾迈勒迪尼告诉新华社记者，"要是他能更早一点到瓜达尔港，相信我们可以有更多合作让瓜达尔发展得更快。"

网址：https：//news.china.com/internationalgd/10000166/20180709/32655285.html

通讯：瓜达尔正在成为巴基斯坦的“深圳”

新华社巴基斯坦瓜达尔 2018 年 8 月 28 日电

新华社记者季伟

8 月的巴基斯坦瓜达尔，阿拉伯海上风潮涌动、航船点点，宛如画卷自天际铺展而来。港口码头货物如山、岸桥耸立。不远处，自由区起步区内机器轰鸣，工人们正在紧张施工。

瓜达尔自由区有限公司副总经理胡耀宗正忙着筹备下月举行的一个重要博览会。“瓜达尔港今年大事喜事多：1 月自由区正式开园，并成功举办第一届瓜达尔国际商品展销会；9 月举办 2018 年瓜达尔矿石、大理石及矿山机械博览会；10 月举办亚洲议会大会年会。”胡耀宗开心地告诉记者。

“这说明，过去几年来瓜达尔港建设取得的成就实实在在，影响力不断提升。”胡耀宗说。

几年前，胡耀宗刚到瓜达尔港工作时，迎接他的是炎热天气、满眼黄沙，陈旧设施……一切都百废待兴。“如今，港区内井然有序，绿意盎然，充满生机。”

2013 年，巴方将瓜达尔港口运营权移交中国海外港口控股有限公司（下称“中国港控”）。经过 5 年的建设，瓜达尔港港口设施已全面更新改造，运营能力得到恢复提升。今年 3 月 7 日，“巴基斯坦瓜达尔中东快航”航线正式开通，标志着瓜达尔港向实现商业化运营迈出重要一步。

在占地 25 公顷的自由区起步区内，水电气供应及通信、交通等基础设施完备，由中国交通建设集团有限公司投资的商务中心已开门营业，其他投资企业的厂房和仓库预计今年年底前陆续完工、投产。目前，已有金融、保险、物流、渔业加工、家电等领域 20 多家企业确定入驻园区，直接投资额超过30亿元人民币。

对瓜达尔港的变化，瓜达尔港务局主席贾迈勒迪尼倍感欣慰。他说，瓜达尔港曾经死气沉沉、令人失望。中国港控运营后，瓜达尔港面貌焕然一新。“‘一带一路’和中巴经济走廊建设给了瓜达尔港第二次生命，让我们重拾希望。”

巴基斯坦商人亚辛常年辗转于中巴两国之间，从事进出口贸易。这两年，他将目光投向瓜达尔港。“瓜达尔港独特的区位优势和中国港控优秀的运营水平吸引了我，我和我的中国合作伙伴已决定在自由区投资200万美元，建一个粮油加工厂。如果顺利，我们今后要将投资增至1000万美元。”

亚辛说，他的粮油加工厂投产后，产品可覆盖中东、中亚、南亚和中国，市场前景非常广阔。

自由区建设不仅将拉动瓜达尔地区的产业发展，还将创造大量就业岗位。贾迈勒迪尼说：“自由区全部开发完成后，预计将吸引400余家企业入驻，直接创造3.8万多个就业岗位。”这对仅有10余万人口的瓜达尔，重要意义不言而喻。

随着瓜达尔港建设不断推进，这一发展红利也不断外溢，为当地民众带来实实在在的好处。2016年9月，由中国和平发展基金会捐建的法曲尔小学正式交付使用，解决了数百名学童上学难问题；2017年9月，中国首个援巴医疗队入驻由中国红十字会援建的瓜达尔港“中巴博爱医疗急救中心”，为当地民众提供医疗服务；今年7月，由中国港控投资建设的海水淡化厂正式向瓜达尔市居民供水，每天30万加仑的供水量帮助许多家庭解决了吃水难题……

借助中巴经济走廊东风，实现整个瓜达尔地区全面发展，最终将瓜达尔建设成巴基斯坦的“深圳”，已成为萦绕在当地民众心头的梦想。

巴基斯坦计划发展部中巴经济走廊建设协调员布特说，中巴双方不只是关注瓜达尔港的发展，还制定了包括供水、供电、交通、通信、教育、就业、智慧城市建设和环境保护等在内的一整套瓜达尔发展计划，以实现当地全面可持续发展。

布特说，目前在中巴经济走廊框架下，一批发展项目已开始或即将实施，瓜达尔东湾快速路已开工，新国际机场有望年内破土动工，总装机容量 300 兆瓦的发电站、瓜达尔医院、瓜达尔职业技术培训学院以及瓜达尔智慧城市规划等项目正在积极推进。“这些项目将帮助瓜达尔实现跨越式发展，造福当地民众。”

对瓜达尔的发展前景，贾迈勒迪尼充满信心。他说，过去部分当地民众对开发瓜达尔港存在误解，而现在这一情况已经改变，“当地人已成为支持瓜达尔港港口和自由区建设的最坚定力量”。

贾迈勒迪尼说，在中国朋友的支持下，瓜达尔将以瓜达尔港建设为龙头，逐步带动其他领域发展，最终成为巴基斯坦的经济特区。“未来 7 到 10 年，瓜达尔将成为一座清洁、美丽、高效、繁荣的中等港口商贸城市和旅游城市。”

网址：https：//news. china. com/internationalgd/10000166/20180828/33713160. html

人民日报探秘瓜达尔港：抢到去瓜达尔的机票是“一种幸运”

来源：上观新闻　2017 - 04 - 17 06：54

摘要：随着瓜达尔港建设日渐完善，商业吸引力与日俱增。过去的小渔村，正逐步成为备受瞩目的国际化港口和投资乐园。

瓜达尔，在乌尔都语里的意思是“风之门”，海风日夜不息地吹打着亘古延绵的裸露砂山。历史上，东印度公司的探险家曾用“崎岖而老旧”来形容这片土地。而今天，在巴基斯坦人民眼中，这里是国家振兴的重要希望。港口及自由区项目建设的稳步推进，让世界的目光越来越多地投向这片梦想之地。

变化发生于短短几年之间。在中巴“一带一路”合作不断推进的背景下，瓜达尔港建设收获了强大动能。

2014 年 2 月，中国国家主席习近平同来访的巴基斯坦总统侯赛因达成共识，瓜达尔港被列为促进中巴“一带一路”合作的旗舰项目。3 个月后，习近平主席会见侯赛因总统时再度提出，中巴经济走廊建设是“一带一路”合作的重要组成部分，瓜达尔港是当前应该重点落实好的项目之一。2015 年，习近平主席对巴基斯坦进行历史性访问，全面擘画中巴“1 +4”合作布局，瓜达尔港成为四大重点之一。两国高层的亲自推动，让瓜达尔港建设迎来了前所未有的机遇期。

早在 20 世纪 60 年代，富有远见的巴基斯坦政治家就把瓜达尔视为未来巴基斯坦融入全球发展的希望所在，因为这里濒临阿拉伯海，靠近霍尔木兹海峡，是难得的深水良港，堪称印度洋咽喉要地。今天，记者走在如火如荼建设之中的瓜达尔港，同工人们交谈，同当地民众交谈，时时刻刻感受到友谊与梦想的力量，正给这片土地带来全新活力。

抢到去瓜达尔的机票是“一种幸运”

两年前，习近平主席访问巴基斯坦时，瓜达尔市长巴布·古拉布亲身参与了瓜达尔项目合作协议的签署。

回忆起那一幕，他告诉本报记者：“你无法想象当时我有多么激动。习近平主席是一位目光深远的领导人，别人只能想到几年，他的构想能涵盖几十年，甚至一百年。如今瓜达尔港建设正朝着习主席提出的方向推进。作为‘一带一路’的重要组成部分，瓜达尔港建设不仅将惠及中巴两国人民，而且将造福区域国家的人民。”巴布·古拉布对瓜达尔呈现日新月异的面貌欣喜不已。

2013 年，本报记者第一次探访瓜达尔港时，这里人烟稀少，视线所及之处都是沙漠，当地居民祖祖辈辈靠打鱼为生。每周只有一班航班从巴基斯坦南部港口城市卡拉奇飞往瓜达尔，中国人的身影更是几乎看不到。40 多摄氏度的高温下，当地唯一一家酒店的空调时常因为停电而“罢工”。

而今，记者再次探访瓜达尔港，看到变化无处不在，最明显的就是来瓜达尔的人大大增多了。卡拉奇到瓜达尔的航班，已经变成每天一班，能抢到前往瓜达尔的机票，还被看作“一种幸运”。在前往瓜达尔的飞机上，记者与身边的巴基斯坦朋友交流，他们的目标十分一致，就是前往瓜达尔寻找商机。巴基斯坦朋友十分关注中国新闻，他们甚至跟记者开玩笑说，瓜达尔就是巴基斯坦的雄安。

房地产商人穆罕默德·穆扎法给记者算了一笔账。2013 年，也就是巴基斯坦政府将瓜达尔港运营权移交给中国企业的那一年，当地一块 836 平方米的土地，价格约为 50 万卢比。如今，同样大小的地块要价 750 万卢比，涨了 15 倍。穆罕默德·穆扎法和朋友这次来瓜达尔，也是为了考察土地情况。正因为商界人士越来越频繁地出现在瓜达尔，曾经生意惨淡到快要关门的 PC 酒店，如今却常常爆满。火爆的行情背后，是巴基斯坦各界人士对瓜达尔港前景的一致看好。

瓜达尔港自由区有限公司副总经理胡耀宗向记者介绍说，按照当前的建设速度，瓜达尔港面貌每隔 3 个月就会发生一次重大变化。企业高管密集考察，项目陆续开工，概念不断创新，这一切正让过去的那个小渔村，逐步成为备受瞩目的国际化港口和投资乐园。

丝路情缘汇入建设的脚步

区位优势决定了发展潜力，但要将潜力变为现实，离不开建设者的坚韧开拓。

要有水，要有路，要有电……建设瓜达尔港的挑战是显而易见的。面对困难，中国海外港口控股有限公司（中国港控）一步一个脚印，在过去几年间逐步修复了瓜达尔港供水、供电、港机、仓库和监控系统，开通了前往中国、中东和非洲的固定航线。直至2016年，瓜达尔港完成港口设施恢复和重建，已经完全具备集装箱、散货、滚装货物处理能力。

中国港控董事长、总经理张保中在接受本报记者采访时表示，中国港控按照习近平主席提出的“1+4”合作布局，努力让合作成果惠及当地。不同于常规合作项目，瓜达尔港并非单一工程，而是一个系统工程，综合性很高，既包括港口的运营，还包括自由区的开发。“我们希望把中国建设特区、经济开发区的经验移植到巴基斯坦，启动一个新的经济发展模型，从而带动整个巴基斯坦工业化转型。未来的瓜达尔自由区是个小社会，将成为示范性项目。”

工程建设快步推进背后，是中国公司多年如一日的坚守和耕耘。才刚到4月，瓜达尔中午的气温已经直逼40摄氏度。为了多项工程按期完工，中国员工选择默默奉献，毫无怨言。胡耀宗赶在妻子十月怀胎期内回国探亲，却因为工作必须提前回港，险些没能见证孩子的出生。胡耀宗为孩子取名“胡浉麓”，以此标注特殊的“一带一路”情缘。

瓜达尔港建设日渐完善，商业吸引力与日俱增。新国际机场、职工培训中心、现代化医院、装机容量30万千瓦的燃煤发电厂、日处理能力达500万加仑的海水淡化厂……这一系列项目，目的是为了改善当地民众的生活水平，丰富瓜达尔的产业结构。来自中国的建设者是好样的，中巴传统友谊汇入新的力量。

“我们的生活彻底变了样”

清晨8点，瓜达尔港鱼市。伴随着打桩机的声音，渔民们的脸上挂着笑容，冲我们几个中国记者伸出了大拇指——“自从中国公司来了以后，我们的生活彻底变了样。”

习近平主席强调，中巴要弘义融利，实现共同发展。中国企业实实在在地践行这一主张。今天，瓜达尔港建设快步迈进，最早受益的是当地民众。建设过程中，中国港控明确了一条“规矩”——让当地老百姓挣到钱。公司积极推动入驻瓜达尔港的渔业加工企业同当地渔民合作，对渔民加以培训，同时鼓励渔民以鱼获的形式返给加工企业。

目前，中国红十字基金会正在瓜达尔建设一个现代化的急救中心。根据规划，这个中心将在5月初之前建成，还会请来中国医生，将有助于缓解当地民众看病难这个老问题。

中国驻巴基斯坦大使孙卫国给记者讲了这样一个故事。生活在瓜达尔港的穆哈迈德老人今年65岁，全家共10口人，生活并不富裕。听说中方要捐款在当地建立一所学校，他便毫不犹豫把自己一块752平方米的土地无偿捐给政府，由中方在此援建了法曲尔小学。现在，学校已经投入使用。当初捐地时，老人的亲戚们都表示，瓜达尔地区地价在快速上涨，你把地捐了吃亏了。但在老人看来，教育对于改变巴基斯坦来说是最重要的事，同时中国公司很靠谱，让人放心。老人的儿子纳西姆·俾路支这样解释父亲的举动——父亲虽然不善言辞，但对“一带一路”和中巴经济走廊很认同，认为习近平主席是一位视野开阔的领导人。

采访结束前，正赶上瓜达尔港日出。那是一个壮丽的清晨，一轮红彤彤的旭日从海面升起，港区雄浑的打桩声，与阿拉伯海的浪涛声交汇。记者不禁想起此行采访中瓜达尔民众诚挚的心声——

“中国的存在，让我们能够听到瓜达尔发展的脉搏。”

“习近平主席提出的‘一带一路’倡议，为瓜达尔带来了巨大的发展变化，我们盼望习主席来瓜达尔港看一看。”

（本报巴基斯坦卡拉奇4月16日电 本报记者杨迅、孟祥麟、宦翔、徐伟采写，本报记者胡泽曦整理）

网址：https：//www. jfdaily. com/news/detail？ id = 50373

巴基斯坦瓜达尔自由区举行开园仪式

《人民日报海外版》（2018年02月01日　第06版）

巴基斯坦瓜达尔自由区开园仪式暨瓜达尔2018国际商品展销会1月29日在瓜达尔自由区起步区内举行，标志着瓜达尔自由区建设取得重大进展，园区正式投入实际运营。

艾哈迈德·卡迈勒摄（新华社发）

网址：http：//paper. people. com. cn/rmrbhwb/html/2018 - 02/01/content_ 1834130. htm

瓜达尔搭上了前途光明的发展之舟

来源：人民日报 参与互动　2018年09月26日 05：19

中巴经济走廊建设启动5年来，城市面貌焕然一新，互联互通能力显著提升

“瓜达尔搭上了前途光明的发展之舟”（共商 共建 共享·一带一路倡议五周年）

2015 年 4 月，习近平主席访问巴基斯坦时提出，要发挥中巴经济走廊建设对两国务实合作的引领作用，以走廊建设为中心，以瓜达尔港、能源、基础设施建设、产业合作为重点，形成“1 +4”合作布局，让发展成果惠及巴基斯坦全体人民，进而惠及本地区各国人民。

作为中巴共建“一带一路”的先行先试项目，瓜达尔港正从过去的小渔村日渐成长为深水良港。瓜达尔港务局局长穆尼尔·贾恩说，“‘一带一路’倡议在巴基斯坦深得民心，它为瓜达尔港和巴基斯坦的发展打开了新的机遇之门。”

从港区建设向工业园区建设不断扩展

坐落于巴基斯坦西南部的瓜达尔港面朝印度洋，距离全球重要水运通道霍尔木兹海峡只有约 400 公里，战略意义不言而喻。但是在过去很长时间里，瓜达尔及其周边地区的发展状况一直较为滞后。2007 年巴基斯坦政府兴建了瓜达尔港口工程，囿于地区安全形势、港口配套基础设施缺乏等方面原因，预期中的经济社会效益未能实现，当地发展再次陷入停滞。

转机出现在 5 年前。

2013 年，“一带一路”倡议的重大先行先试项目——中巴经济走廊建设正式启动。随后，中巴经济走廊框架下一批能源、交通、基建项目相继落地，项目建设如火如荼。

同年，巴基斯坦政府决定将瓜达尔港运营权移交给中国海外港口控股有限公司（简称“中国港控”）。瓜达尔自由区有限公司副总经理胡耀宗是瓜达尔港发展的见证者。他仍然记得，“当时瓜达尔一片荒芜，从空中向下看，一面是蓝色的大海，另一面全是土黄色的沙漠地带，飞机落地仿佛登陆火星”。

2015 年习近平主席对巴基斯坦进行国事访问，中巴特殊友好关系得到有力深化和提升。瓜达尔港这座阿拉伯海之滨的港湾迎来新的机遇期。

穆尼尔·贾恩对本报记者表示，5 年来瓜达尔港面貌焕然一新。“老化、生锈的设备拆除了，换上了现代化的崭新设备。自由区建起来了，展览中心、商务中心等建筑物拔地而起，成为亮丽的风景线。”

瓜达尔港愈发呈现出欣欣向荣的景象。在新增 5 台集装箱岸桥、修建 10 万平方米堆场并配置集装箱扫描仪等设施之后，港口目前已经具备处理包括散货、集装箱、滚装货物等全作业能力。

今年 1 月，瓜达尔自由区正式开园并成功举办了第一届瓜达尔国际商品展销会。两天时间里，共有超过 200 家中巴企业和 3 万多名客商参会。瓜达尔自由区占地面积共 923 公顷，分南北两个区共四期进行建设，已开园的是一期项目——位于南区的起步区。瓜达尔自由区开园标志着瓜达尔从港区建设向工业园区建设的扩展进入了新阶段。

中国港控董事长张保中表示，目前起步区已迎来包括银行、保险、物流、粮油加工、渔业加工、家电组装等 20 多家中巴企业入驻，直接投资额超过 30 亿元人民币，全部投产后预计年产值将超过 50 亿元人民币，将为当地创造 2000 多个就业岗位。瓜达尔自由区建设完成后将成为中巴经济走廊建设的重要节点、中巴产能合作的示范区及巴基斯坦西部经济发展的引擎。

教育、医疗、淡水、能源等项目全面惠及民生

如今，瓜达尔当地民众感受到了生活中实实在在的变化。到“中国医院”看病和到“中国学校”读书已经成为当地人的一种普遍愿望。

去年 5 月，中巴急救走廊首个急救单元——由中国红十字会援建的“中巴博爱医疗急救中心”在瓜达尔港落成。9 月，由 12 名医疗专家组成的首支援巴医疗队抵达瓜达尔港的“中国医院”，正式开始为当地民众提供医疗服务。截至今年 5 月底，“中国医院”已接诊患者 1200 余人次。

“中国学校”法曲尔小学也已经成为瓜达尔地区远近闻名的模范学校。

此前当地学生要步行到五六公里之外的地方上学。2016 年 9 月投入使用以来，这里良好的教学条件吸引了周边地区大量学龄儿童，计划招收 150 名学生的小学现在已容纳了近 500 名学生。学生哈利玛说，“这是一所非常不一样的学校，我长大后想要回到这里当一名老师。”

长期以来，瓜达尔地区缺水断电，民众基本生活需求难以得到有效保障。胡耀宗回忆，2015 年初到瓜达尔时，一方面淡水供应十分紧缺，大量依靠异地运送，另一方面巴基斯坦全国范围普遍缺电，经常一天停电十多次，而这两方面问题相加，严重制约了当地的经济社会发展。

今年元旦，瓜达尔自由区的海水淡化厂正式投产，可日产 1000 吨淡水。巴基斯坦时任海事部部长比赞久称，海水淡化厂能够有效满足瓜达尔人民的基本饮水需求，是两国建设者们送给瓜达尔人民的一份特殊的新年礼物。

据了解，未来瓜达尔港还将建设一座 30 万千瓦燃煤电站，以满足瓜达尔及周边地区的用电需求。各项城市配套服务设施陆续完善，大大提升了瓜达尔市吸纳就业的能力。短短几年时间，瓜达尔市的人口已从 8 万人增长到现在的 13 万人。

巴基斯坦计划、发展和改革部中巴经济走廊项目主任哈桑·达乌德对本报记者感慨道：“瓜达尔搭上了前途光明的发展之舟。”他说，现在瓜达尔已经取得了令人惊喜的发展成绩，将来能源问题解决后，更多的产业合作潜力也将得到释放。

配套设施完工后将产生广泛经济社会效益

众人拾柴火焰高。过去几年，在巴中资企业积极投身这一中巴经济走廊“南大门”的发展建设，为瓜达尔港建设添砖加瓦。胡耀宗说，“能够参与‘一带一路’建设是一份荣耀，中国建设者是带着一股闯劲和干劲来的，最重要的是，要给祖国交一份满意的答卷。”

3月，由中远海运集装箱运输有限公司运营的瓜达尔港首条集装箱班轮航线正式开航。这条每周一次的“巴基斯坦瓜达尔中东快航”航线有效改变了当地“有船无货，有货无船”的局面，顺应了瓜达尔港连通世界主要港口的发展期望。5月，由中国移动巴基斯坦公司提供的4G移动网络信号覆盖了瓜达尔港。

下一步，包括瓜达尔港国际机场、瓜达尔技术培训中心在内的一批配套设施项目将于年内陆续推进，已于去年11月正式动工的瓜达尔东湾快速路项目当前也进展顺利，这一连通瓜达尔港口、自由区和马克兰沿海高速的交通基础设施工程建成通车后，将大大提升瓜达尔港的货物集散能力。贾恩表示，这批配套设施完工后将产生广泛经济社会效益，不仅将在短时间内造福瓜达尔地区，而且巴基斯坦其他地区也将从中受益。

达乌德表示，“一带一路”倡议将帮助本地区在基础设施、经贸层面同世界其他地区联通起来，促进人民之间的交流交往，减少贫困并改善民生。发展瓜达尔港不仅将改善当地经济社会面貌，而且将提升整个地区的互联互通水平。

巴基斯坦前海事部副部长乔杜里·伊克巴尔说，瓜达尔港自2013年以来发生了翻天覆地的变化，这一切都离不开中国建设者们的辛勤工作。贾恩信心满满地表示：“现在瓜达尔港已经定期有集装箱班轮停靠，随着自由区建设的推进，海路贸易也将逐步迎来繁荣。”

（本报伊斯兰堡电）

本报驻巴基斯坦记者 丁雪真

网址：http：//www. chinanews. com/gj/2018/09 –26/8636110. shtml

或 http：//world. people. com. cn/n1/2018/0926/c1002 –30312916. html

瓜达尔港——中巴经济走廊的璀璨明珠

发布时间：2018-08-27 00：11

【“一带一路”进行时】

光明日报驻伊斯兰堡记者张任重

2018年是中国改革开放40周年，也恰逢习主席提出“一带一路”倡议5周年。从2013年到2018年，中国逐渐走向世界舞台的中央，与世界各国分享发展成果与经验，引领新型全球化时代浪潮。5年来，参与响应“一带一路”倡议的各方始终秉持着和平合作、开放包容、互学互鉴、互利共赢的丝路精神，共同不懈努力，并肩谋求发展。如今，“一带一路”建设已化倡议为行动，化愿景为现实，并结出累累硕果。

南亚是中国的近邻，与中国贸易往来密切，也是共建“一带一路”的重要伙伴中最具发展动能和成长潜力的地区之一。根据近期发布的《“一带一路”贸易合作大数据报告2018》显示：2013—2017年中国与南亚地区“一带一路”国家贸易额稳步增长，2017年中国对南亚地区“一带一路”国家进出口总额达1271.8亿美元，较2016年增长14.1%。其中，中国对南亚地区“一带一路”国家出口1078亿美元，较2016年增长11.5%；中国自南亚地区“一带一路”国家进口193.8亿美元，较2016年增长30.6%。

在南亚国家中，巴基斯坦作为中国的传统友好邻邦以及全天候战略伙伴，享有特殊地位。中巴经济走廊是中巴友好历史上一个重要里程碑，也是“一带一路”建设六大经济走廊之中先行先试的典范性项目，对区域合作、经济融合实现一体化发挥着重要的引领作用。尤其值得关注的是龙头项目瓜达尔港——在中巴两国建设者的共同努力下，如今已成为中巴经济走廊的一颗璀璨明珠。

瓜达尔港旧貌换新颜

瓜达尔港位于巴基斯坦俾路支省西南沿岸，东距卡拉奇约 460 公里，西距巴基斯坦—伊朗边境约 120 公里，南临印度洋的阿拉伯海。它位于具有重要战略意义的波斯湾的咽喉附近，紧扼从非洲、欧洲经红海、霍尔木兹海峡、波斯湾通往东亚、太平洋地区数条海上重要航线的咽喉。

巴基斯坦政府和人民对于开发瓜达尔港的设想早已有之。早从 1964 年起，巴政府就有此设想并在上世纪 90 年代曾与美国签订瓜港投资协议，但各种因素导致美开发瓜港的计划最终不了了之。新加坡也曾获得该港的经营权，但十年闲置未动工。直到 2001 年中国应巴基斯坦政府邀请，决定援建瓜达尔港，瓜港的开发才得以真正实施。2005 年结束了第一期项目工程，建成了一个拥有三个 2 万吨级泊位的多用途码头。2015 年，习近平主席访问巴基斯坦，中巴双方同意，以中巴经济走廊为引领，以瓜达尔港、能源、交通基础设施和产业合作为重点，形成“1 + 4”经济合作布局。2016 年 11 月，瓜达尔港正式开航，中巴两国共同见证了首批中国商船从瓜达尔港出海。2017 年 5 月，习近平主席在“一带一路”国际合作高峰论坛开幕式上的演讲中又提及瓜达尔港，并强调要“规划实施一大批互联互通项目”。如今，瓜达尔港已脱胎换骨，成为中巴经济走廊建设中最重要的组成部分，并将成为地区转运枢纽和区域经济中心。

巴国立现代语言大学教授利兹万向记者表示：“巴基斯坦政府和人民愿继续同中国携手，共同促进瓜达尔港未来的发展。由于中巴经济走廊是一个功在当代、利在千秋的双边经济项目，在进入中长期发展阶段后，瓜港的建设也需要更加详细的规划和科学的实施。”瓜达尔港建设目前包括修建瓜达尔港东部连接港口和海岸线的高速公路、瓜达尔港防波堤建设、锚地疏浚工程、自贸区基建建设、新瓜达尔国际机场等 9 个早期收获项目。

从2015年开始，瓜达尔港面貌日新月异，呈现出一派欣欣向荣的景象。中国港控有限公司对港口所有重要的组件进行翻新，升级电力系统。今年，港口的第一期扩展项目已经完成，后续建设正如火如荼、有条不紊地进行着：维修港区道路、堆场，新增码头装卸设备，升级供油、海水淡化和污水处理系统，安装港区监控系统等。中国港控公司运营瓜达尔港之后，港口新增了5台集装箱桥吊，新建了10万平方米堆场，增添了最先进的集装箱扫描设备，原来日产10万加仑的海水淡化厂扩容到了22万加仑，增加了两套污水处理系统，新增绿地8万平方米，新建石油液化气接收站一座。目前，瓜达尔港口可处理散货、集装箱、滚装货物、石油液化气等各种业务，已经具备全作业能力。

3月27日，中国首支援助巴基斯坦医疗队队员在瓜达尔为一名当地男子看病。中国首支援助巴基斯坦医疗队由中国原国家卫生和计生委及中国红十字会总会共同派出，共12人组成，于2017年9月抵达瓜达尔。新华社发

巴资深媒体人拉希德认为，瓜达尔港不仅为这片地区带来了发展和繁荣，也带来了和平与稳定。未来，借助中巴经济走廊的助推作用，巴基斯坦经济社会将实现跨越式发展，将在本地区乃至国际舞台上发挥越来越重要的积极作用。

中国货轮自瓜港扬帆起航

化肥进口曾是瓜达尔港口唯一的货源，港口经营相对单一。来自中国的管理者们通过采取免收滞港费、免收3个月货物存储费、降低港杂费用、提供陆路运输服务等多项优惠措施，吸引更多货船停靠瓜达尔港，积极培育瓜达尔海运市场。

2016年11月，瓜达尔港正式运营。能源大动脉将以瓜港为起点，待到未来中巴经济走廊全线畅通后，石油等能源从沙特阿拉伯到达中国上海

的时间将从 25 至 30 天缩短至 12 天，到达新疆喀什的时间更是缩短至 5 天。2018 年 3 月 7 日，中远海运集装箱运输有限公司开辟了巴基斯坦瓜达尔中东快航，正式挂靠瓜达尔港。每周三都会有集装箱船停靠瓜达尔港。这条固定集装箱航线，从根本上解决了瓜港此前“有船无货，有货无船”的局面。中国货轮运来的多是工程机械、建筑预制件、重型卡车和建筑材料，这些来自中国的物资不仅保障瓜港建设急需，而且还满足中巴经济走廊其他项目的需要。目前，卡拉奇港口运营近满负荷，瓜达尔集装箱航线的开通让广大货主多了一项选择。

经过多年努力，瓜达尔港终于实现了和世界主要港口连接的目标，并将提高瓜达尔港口在整个南亚地区的航运地位，从根本上解决了瓜港建设完成后十几年都未能形成商业运营的问题。除此之外，瓜达尔港也是阿富汗、中亚等内陆国家和地区的理想出海口，大批输往阿富汗及中亚地区的转运货物可以通过瓜达尔港出入，这些都有益于巴基斯坦乃至整个南亚、中亚地区的经济繁荣。中国港控的负责人表示，瓜达尔港的建设不仅为中国商品的进出口节约了时间，更使得巴基斯坦和周边国家因贸易繁荣而受益。

民生发展民心相通

“国之交在于民相亲，民相亲在于心相通。”瓜达尔港的建设发展红利不仅滋润着当地的经济进步，更切实惠及巴基斯坦的普通百姓。

曾经这个人口不足 10 万、时常缺水断电、基础设施较为欠缺的渔业小镇，百姓的日常生活有诸多不便，教育卫生条件亦亟待改善。瓜港建设开工后，中国公司安装的日处理能力达 550 万加仑的海水淡化设施，不仅能满足港口内生产和生活的需要，为解决瓜达尔当地百姓吃水难问题，目前中国港控公司正在与巴基斯坦政府合作，计划向当地百姓每天提供 100 万加仑淡水。

除了基础设施建设，中国公司在当地积极履行社会责任，捐资助学，扶危救困、改善医疗条件等，收获了肯定，收获了赞誉，更收获了民心。

瓜达尔教育发展较为落后，教学基础设施和师资力量严重匮乏。这里受教育程度仅有不到25%，其中有些人仅限于会写自己名字。2016年9月1日，中国和平发展基金会在瓜达尔捐建的中巴法曲尔小学落成，迎来第一批学生。整个校园干净整洁，配备有儿童游乐设施和崭新的发电机。中国驻巴使馆、中资企业以及当地华人都定期捐献校服、书籍、文具文体用品。中国港控公司向瓜达尔小学捐献了三辆崭新的校车，解决了当地小学生长途奔波求学的困难，还定期把学校学生接到港口和自由区参观访问。目前，法曲尔小学已经成为当地的模范学校。

瓜达尔中巴法曲尔小学的落成离不开中巴两国政府的共同努力，更离不开当地百姓的无私奉献和全力支持。当地一位名叫穆哈迈德的老人把自家752.44平方米的土地无偿捐给政府建设法曲尔小学，已成为新时代中巴友谊的一段佳话。据相关媒体报道，老人捐地后曾激动地表示："当听说中国要援建一所学校时，我非常高兴，这是一次机会，我想把这块土地留给孩子们。我知道教育对当地人来说意味着什么，我将土地献给俾路支的未来，永远不会后悔。如果我还有其他的土地，我还会捐出来。我们感谢中国，是你们使我们这个地区变得如此重要。"如今，400多名学生坐在明亮整洁的教室，每个孩子的眼睛里都写满了对知识的渴望，对未来的憧憬和对改变命运的强烈愿望。

针对瓜达尔百姓就医难的情况，2017年5月，中巴经济走廊首个急救中心——瓜达尔中巴博爱医疗急救中心在瓜达尔顺利落成。目前，急救中心所需医疗设备及急救车辆已运抵瓜达尔港，并完成设备安装和调试。同时，中国红十字援外志愿医疗队12名队员已入驻瓜达尔港，开展为期两年的医疗服务。中国港控也是首个服务"一带一路"建设的专项公益基金

“丝路博爱基金”的捐赠企业之一，为中巴急救走廊建设提供用地支持。

为了更和谐地融入当地社会，中国港控公司为所有中国员工普及巴基斯坦传统社会习俗，主动协助中巴有关慈善机构开展社会公益活动，积极开展扶危救困工作。通过当地政府挑选了14个贫困家庭，进行一对一的扶贫工作。通过特殊招聘、定向购买服务等方式对这些家庭提供帮助。中国港控瓜港自由区副总经理胡耀宗在接受记者采访时表示，“授人以鱼不如授人以渔”，最重要的是帮助当地贫困家庭树立脱贫致富的信心，找到改变命运的方向。

（光明日报伊斯兰堡8月25日电）

光明日报（2018年08月26日08版）

网址：http：//www.qhnews.com/newscenter/system/2018/08/26/012686303.shtml 或 http：//www.xinhuanet.com/world/2018-08/26/c_1123331199.htmHT

【“一带一路”在行动】瓜达尔港建设全面加速

来源：中国经济网－经济日报　记者：梁桐　2019年09月09日07：45

位于中巴经济走廊最南端的瓜达尔港，在中巴经济走廊建设全局中具有特殊重要地位。在2015年确定的中巴经济走廊“1+4”合作布局中，瓜达尔港就被列为四大重点之一。目前，中巴经济走廊建设已进入充实拓展期，建设重点方向较上一阶段有所调整，但巴政府已多次表示，在走廊新一阶段建设中仍将把瓜达尔港开发作为头等优先要务。在两国政府高度重视和大力支持下，近期瓜达尔港开发接连取得突破性进展，标志着相关建设正在驶上快车道。

8月初，巴基斯坦内阁正式通过《瓜达尔智能港口城市总体规划》，并将其作为未来瓜达尔建设的方向性文件。根据规划，瓜达尔将被打造成为工业发展、商业活动和国际航运中枢，相关开发建设工作将分为3个阶段进行，分别以2025年、2035年、2050年为节点，计划于2025年完成的第一阶段将聚焦提供必要生活基础设施。同时，结合瓜达尔发展现状，电力、供水、卫生、道路、安保将被作为优先开发项。为保障瓜达尔实现不间断供电，将在完成瓜达尔与国家电网接通的同时，在当地新建一座300兆瓦电站，实现输电发电双管齐下。

按照计划，完成上述生活基础设施建设后，瓜达尔建设重点将逐渐转向港口城市功能性基础设施，包括现代化装卸设备、先进仓储和物流设备、经济特区基础设施、机场道路等交通基础设施等。近期，巴计划发展部长巴克蒂亚尔在主持瓜达尔总体规划督导委员会会议时指出，通过有效的城市发展规划，瓜达尔将被建设成具有国际化标准的现代化、智能型港口城市。

目前，巴基斯坦新组建的发展事务最高决策机构——国家发展理事会正式决定，将对瓜达尔自由区内的商业个体提供免税优惠。瓜达尔作为免税区的地位于今年年初正式确立，但由于巴国内具体免税政策一直未能出台执行，政策环境的不确定性制约了海外和巴本国投资者赴瓜达尔投资的热情，进而限制了瓜达尔作为经济特区的发展潜力。此次由国家发展理事会正式决定执行免税政策，并对该政策适用范围作出了明确界定，以国家最高意志破除各部门间的立场差异，加速免税政策的最终确定和贯彻执行。巴总理财政顾问谢赫在会上表示，此前影响政策出台的问题将很快得到解决。

目前，在程序上只需经济协调委员会同意发展理事会有关决定，免税政策就将正式得到执行，届时受政策环境利好影响，巴国内外投资者赴瓜达尔港投资将显著加速，瓜达尔港作为地区商业活动中心的地位也将逐渐凸显。

作为中巴经济走廊的重要组成部分，瓜达尔港近来建设加速也从一个侧面折射出巴基斯坦政府对走廊建设重视程度进一步提高。日前，巴政府还决定正式组建中巴经济走廊事务局，以减少巴行政效率低下等传统弊病对走廊建设的负面影响，切实加速中巴经济走廊框架下的项目建设。

网址：http：//www.ce.cn/xwzx/gnsz/gdxw/201909/09/t20190909_33110035.shtml

通讯：瓜达尔正在成为巴基斯坦的“深圳”

2018 -08 -28 10：26：01　新华网

新华社记者季伟

8 月的巴基斯坦瓜达尔，阿拉伯海上风潮涌动、航船点点，宛如画卷自天际铺展而来。港口码头货物如山、岸桥耸立。不远处，自由区起步区内机器轰鸣，工人们正在紧张施工。

瓜达尔自由区有限公司副总经理胡耀宗正忙着筹备下月举行的一个重要博览会。“瓜达尔港今年大事喜事多：1 月自由区正式开园，并成功举办第一届瓜达尔国际商品展销会；9 月举办 2018 年瓜达尔矿石、大理石及矿山机械博览会；10 月举办亚洲议会大会年会。”胡耀宗开心地告诉记者。

“这说明，过去几年来瓜达尔港建设取得的成就实实在在，影响力不断提升。”胡耀宗说。

几年前，胡耀宗刚到瓜达尔港工作时，迎接他的是炎热天气、满眼黄沙，陈旧设施……一切都百废待兴。“如今，港区内井然有序，绿意盎然，充满生机。”

2013年，巴方将瓜达尔港口运营权移交中国海外港口控股有限公司（下称“中国港控”）。经过5年的建设，瓜达尔港港口设施已全面更新改造，运营能力得到恢复提升。今年3月7日，“巴基斯坦瓜达尔中东快航”航线正式开通，标志着瓜达尔港向实现商业化运营迈出重要一步。

除港口外，自由区建设也进展迅速。

在占地25公顷的自由区起步区内，水电气供应及通信、交通等基础设施完备，由中国交通建设集团有限公司投资的商务中心已开门营业，其他投资企业的厂房和仓库预计今年年底前陆续完工、投产。目前，已有金融、保险、物流、渔业加工、家电等领域20多家企业确定入驻园区，直接投资额超过30亿元人民币。

对瓜达尔港的变化，瓜达尔港务局主席贾迈勒迪尼倍感欣慰。他说，瓜达尔港曾经死气沉沉、令人失望。中国港控运营后，瓜达尔港面貌焕然一新。“‘一带一路’和中巴经济走廊建设给了瓜达尔港第二次生命，让我们重拾希望。”

巴基斯坦商人亚辛常年辗转于中巴两国之间，从事进出口贸易。这两年，他将目光投向瓜达尔港。“瓜达尔港独特的区位优势和中国港控优秀的运营水平吸引了我，我和我的中国合作伙伴已决定在自由区投资200万美元，建一个粮油加工厂。如果顺利，我们今后要将投资增至1000万美元。”

亚辛说，他的粮油加工厂投产后，产品可覆盖中东、中亚、南亚和中国，市场前景非常广阔。

自由区建设不仅将拉动瓜达尔地区的产业发展，还将创造大量就业岗位。贾迈勒迪尼说：“自由区全部开发完成后，预计将吸引400余家企业入驻，直接创造3.8万多个就业岗位。”这对仅有10余万人口的瓜达尔，重要意义不言而喻。

随着瓜达尔港建设不断推进，这一发展红利也不断外溢，为当地民众带来实实在在的好处。2016 年 9 月，由中国和平发展基金会捐建的法曲尔小学正式交付使用，解决了数百名学童上学难问题；2017 年 9 月，中国首个援巴医疗队入驻由中国红十字会援建的瓜达尔港“中巴博爱医疗急救中心”，为当地民众提供医疗服务；今年 7 月，由中国港控投资建设的海水淡化厂正式向瓜达尔市居民供水，每天 30 万加仑的供水量帮助许多家庭解决了吃水难题……

借助中巴经济走廊东风，实现整个瓜达尔地区全面发展，最终将瓜达尔建设成巴基斯坦的“深圳”，已成为萦绕在当地民众心头的梦想。

巴基斯坦计划发展部中巴经济走廊建设协调员布特说，中巴双方不只是关注瓜达尔港的发展，还制定了包括供水、供电、交通、通信、教育、就业、智慧城市建设和环境保护等在内的一整套瓜达尔发展计划，以实现当地全面可持续发展。

布特说，目前在中巴经济走廊框架下，一批发展项目已开始或即将实施，瓜达尔东湾快速路已开工，新国际机场有望年内破土动工，总装机容量 300 兆瓦的发电站、瓜达尔医院、瓜达尔职业技术培训学院以及瓜达尔智慧城市规划等项目正在积极推进。“这些项目将帮助瓜达尔实现跨越式发展，造福当地民众。”

对瓜达尔的发展前景，贾迈勒迪尼充满信心。他说，过去部分当地民众对开发瓜达尔港存在误解，而现在这一情况已经改变，“当地人已成为支持瓜达尔港港口和自由区建设的最坚定力量”。

贾迈勒迪尼说，在中国朋友的支持下，瓜达尔将以瓜达尔港建设为龙头，逐步带动其他领域发展，最终成为巴基斯坦的经济特区。“未来 7 到 10 年，瓜达尔将成为一座清洁、美丽、高效、繁荣的中等港口商贸城市和旅游城市。”

网址：https：//news.china.com/internationalgd/10000166/20180828/33713160.html

一个深圳人在瓜达尔港：同样的渔村，同样的梦想

来源：中国国际广播电台报道 2017－04－06 23：11：43 国际在线（记者 王琦）

3月22日，巴基斯坦南端的瓜达尔港，35岁的瓜达尔港自由区有限公司副总经理胡耀宗，和久居伦敦的天津人谷松涛，一起吃着红烧小黄鱼，聊着一单生意。

谷松涛在伦敦建立了“No logo”品牌，专为排斥名牌、我行我素的年轻族群生产死飞车，目前已占据欧洲5%的自行车市场。谷松涛的车厂在天津，他打算到瓜达尔投资一个组装厂，产能10000辆，招200－300人，直销欧洲。谈到为何选择瓜达尔，谷松涛的答案简单明了，“第一，劳动力成本低。天津普通工人一个月3000元，巴基斯坦建筑工人18000卢比，是中国人工的三分之一。第二，欧洲对中国产自行车反倾销，这里属于巴基斯坦生产，节省了很多成本。第三，这里原材料便宜。此外，巴基斯坦人大多会说英语，对欧洲文化比中国人有更深入的了解。所以我认为，到这边投资会比国内当年起步时快。”

作为瓜达尔港自由区有限公司副总经理，像谷松涛这样的投资者，胡耀宗去年一年接待了1000多位。

瓜港扬帆起锚

瓜达尔港是常年不冻的优质深水港，距离全球石油供应的主要通道霍尔木兹海峡仅400公里。2013年，经过几番周折，瓜达尔港运营权交由中

国海外港口控股有限公司（中国港控）管理。按照规划，瓜达尔港口 2022 年将成为南亚最大的港口航运中心，而 923 公顷的自由区则将建成“宜居宜业”的投资乐土。

不过，2014 年记者第一次探访瓜港时，所见所闻却并不乐观。当时港区还没有中国人常驻，中国访客与保安是一比一配置，即使睡觉也要在房外把守。那时港口几个月也不来一艘货轮，自由区更是一望无际的黄土滩。在当地唯一的五星级酒店，40 多度的高温下空调时常因断电而停转，餐厅的茶则是咸的。

2015 年 8 月，胡耀宗来到巴基斯坦，推动、见证了瓜港的扬帆起锚。2016 年，巴基斯坦政府以罕见的速度，通过并颁布《2016 年财务法案》，投资商 23 年免税优惠得到了法律保障。同年，巴海军专门成立 TF88 特遣队，专职负责瓜达尔港及周边海域的安全保卫。

2016 年，瓜达尔港完成港口设施恢复和重建，港口已经完全具备集装箱、散货、滚装货物处理能力。

2016 年，瓜港迎来建港以来第一艘大型集装箱班轮，把从中国喀什陆路运输到港的物资运送到世界各地，标志着中巴经济走廊已具雏形。2016 年，瓜达尔自由区起步区完成设计、规划、征地拆迁、融资等工作，施工建设全面展开。招商工作成果丰硕，中国交建、哈比银行等 9 家企业正式入驻起步区，投资额超过 20 亿人民币；河北特钢、北京福田等 16 家企业已签署投资意向协议，入驻自由区北区，计划投资达 300 亿人民币。

作为自由区开发和招商引资工作负责人，胡耀宗说：“起步区 25 公顷已经没地了。二期的地，一个钢铁企业 100 公顷，一个石油储藏项目 100 公顷，也快没了。起步区施工 60% 已经完成，今年年底全部竣工，原计划开发 3 年，现在看不需要了。自由区 923 公顷计划 15 年开发完，现在看肯定用不了。”此外，为创造良好的外部环境，在建和将建的重要基础设施项目包括东湾快速路项目、新国际机场项目、30 万千瓦发电厂、日产量 500 万加仑海水淡化厂等。

复制深圳传奇

在中国政府规划中，瓜达尔港及自由区项目是“一带一路”及中巴经济走廊的旗舰项目。而经过数次密集考察后，巴基斯坦总理谢里夫提出，把瓜达尔建设成智慧型港口城市，使之成为巴基斯坦参与全球经济的窗口和起点。谈到智慧型城市，包括瓜达尔港务局局长穆尼尔简在内的不少相关人士都提到一个参考模型深圳。“深圳是我们学习的样本。我们和深圳做比较，是因为 30 多年前，深圳也是个小渔村，而现在已发展为成熟的智慧型城市。”

胡耀宗原本生活在江西，因为爱人在深圳工作，2008 年他把家安在深圳。在这位新移民看来，瓜港对比深圳既相似又特殊，“两者都是海港城市，都有一定的港口发展基础，都有政府方面政策、资金、人才的全力支持。不过，深圳是高科技、金融、港口几块同时发力，它紧靠香港，可以承接很多香港无法支撑的功能。而瓜港没有好的邻居，没有经济腹地，只能走一条特殊的路。”胡耀宗说，“由于没有经济腹地，我们前期只有走商贸这一块，引进一些大型企业，有成链条的工业体系后，逐步推动港口发展。港口背靠园区，它做大后又能反哺自由区，从而带动巴基斯坦西部发展，成为阿富汗等中亚国家的出海口，形成良性循环。”

今年是深圳特区成立 37 周年，在胡耀宗看来，今天的瓜港比 37 年前的深圳更具优势。首先，中国当年经济不发达，也没有外来资本介入。而在“一带一路”倡议指导下，瓜港被中巴两国共同呵护、同时发力。其次，中巴政治关系非常稳定，相对非洲、南亚其他地区，政治风险基本为零。例如印尼有镍铁矿，河北特钢原本打算在那儿设厂，但综合考虑后还是选择了瓜港。第三，根据特许经营权协议，瓜达尔入驻企业将享有以下政策优惠：23年免税期、99年租赁权、100%外资所有、一站式服务。胡耀宗说："世界上有很多自贸区，上海、天津、肯尼亚、埃塞俄比亚、智利等等，但瓜达尔自由区的免税政策是最长的，23年，而税务对一个企业的影响是最大的。"第四，瓜港地缘优势突出，可以服务中亚的内陆国家，能够连接周边几个重要港口，有望成为一个有地区影响力的中转港，很多企业也愿意把瓜达尔作为海外仓或生产基地。

民心通事业通

中国港控与瓜达尔港务局签订的是46年运营权协议。若想在协议期内顺利复制深圳传奇，瓜港需要谨慎应对以下问题。

首先，安全。瓜港所在的俾路支省大部分地区为经济落后的农村，居民受教育程序普遍较低，分离主义猖獗，恐怖组织及外部敌对势力不断渗入。据统计，2016年以来，俾路支省内发生恐袭事件近200次，死亡200多人。中巴经济走廊概念提出后，当地敌对势力把矛头指向中国，企图通过袭击中国人、干扰中国工程，来挑拨中巴关系，最终达到打击巴政府的目的。

瓜达尔警方负责人沙姆伊尔说："我们掌握的情况，当地武装分子不到500人，基本是穷人，都是被外部势力收买的，这些势力不希望中国在21世纪崛起。我们密切关注他们的行动，我们会击败他们。"

此外，中国人到港后打破原有规则，原本较容易的赚钱途径消失了很多，一些既得利益者也由此产生负面想法。胡耀宗表示，为了长治久安，除依靠巴方严防死守及提升自身防范能力和意识外，还要认真实践"民心通则事业通"的理念。一方面，中国港控通过捐资助学、兴办教育、促进就业、参与公益来融入当地。

同时，要谨守"不跟当地人抢饭碗，要让老百姓挣到钱"的宗旨。"例如渔业加工企业，推动他们与当地合作，以半赠送形式建一些大型渔船给当地渔民，并加以培训，再给他们提供冰块、油料等物资，鼓励他们以渔获的形式返租给加工企业。而对于当地渔业中层，在收鱼过程中让他们参与部分环节，保证他们的利润。”

第二，环保。中巴经济走廊项目启动以来，一些目的可疑的负面声音不绝于耳，其中环保是一大题材。胡耀宗表示，他们首先会对投资企业反复考察，严格筛选，确保为环保达标示范企业；其次会请当地咨询公司做环保评估，出具 NOC（不反对文件），NOC 不下来不允许开工。

胡耀宗说，他希望自由区和港口做大后，不管是舆论上的，还是部分人头脑中的排外思想能有所改变，“我觉得当地人将来不会打工了，盖几栋房，做旅馆、餐馆，出租足矣。当地人以后肯定不排外，外面人来得越多越欢迎，和深圳一样。”

倾注心血的瓜港人

35 岁的胡耀宗头发灰白，9 年职业生涯他一直在海外，且辗转了马来西亚、安哥拉、斐济、肯尼亚、巴基斯坦 5 个国家。妻子怀孕期间，驻守瓜港的胡耀宗基本只能靠电话为妻子舒缓情绪。为纪念投身“一带一路”事业，胡耀宗为孩子取名为“胡一路”。孩子出生后，由于有时差，网络差，胡耀宗每天只能靠妻子发来的视频关注孩子。

在瓜港一年半，胡耀宗对瓜港的投入远超过刚满 1 岁的儿子。在专访结束之际，胡耀宗红着眼圈，哑着嗓子，轻轻地说：“自由区是大家的孩子，当它长大了，开始走路了，我就可以回家，陪孩子走走路了。”

网址：https：//news. china. com/news100/11038989/20170406/30394750. html

瓜达尔港曲折起航

本文来源于《财经》杂志，2017－05－05 18：46：47 文/本刊记者 郝洲 发自瓜达尔编辑/袁雪

一个人口不足10万的小渔港，吸引了中国的巨额投资。瓜达尔港有着改变欧亚大陆能源和贸易格局的潜力，但其通往繁荣之途仍需披荆斩棘。

阿拉伯海畔的瓜达尔港及其背靠的中巴经济走廊是一个备受争议的“现象级”项目，支持者赞赏其地理位置将极大改善中国的能源安全环境，并成为新的贸易中转中心；批评者则引述巴基斯坦国内复杂的政治、安全形势，质疑中国巨额的投资能否收回收益，抑或根本就打了水漂。

无论其优劣几何，这个提出近四年的大战略已经被视为“一带一路”战略构想的旗舰样板项目，是“一带一路”下对单个国家投资增量最大的项目。中巴经济走廊还是巴基斯坦建国以来最大的经济发展规划，这个西部邻国的稳定对中国边陲地区的安定更具有无法用钱财衡量的价值。中国以经济发展根治宗教极端主义的理念将在中巴经济走廊被试验。

开弓没有回头箭，对于已经投入了巨资并开始取得早期项目成果的中巴经济走廊，更值得进行深入研究，预防各种潜在风险。

基础设施落后、电力淡水等基本作业资源匮乏、经济基础薄弱、政策制定或缓慢或混乱，这些是中国在经济欠发达国家绕不开的难题；巴国内各党派出于地方利益之争对中巴经济走廊进行掣肘，整体安全形势恶劣打击投资者信心，则是在巴基斯坦特别突出的问题；巴基斯坦还处在南亚主导权争夺的地缘政治大漩涡中。

目前中巴经济走廊项目仍然主要由中方出资，更长远来看，当中国铺设好基本的基础设施，还需要更多的参与者，才能构成一个可以自我运转

的经济生态，仅靠中国单方面输血不可持续。若想吸引更多外国投资者，需要等待巴基斯坦的经济基本面被盘活，还需假以时日。

——编者

从代表公司在2014年驻守瓜达尔港以来，陆小飞（应受访者本人要求，在本文中使用化名）已经记不清接待过多少拨前来访问的客人了，但是每一次对于安全护卫他都必须一丝不苟，毕竟瓜达尔港处在巴基斯坦最不安宁的俾路支斯坦省腹地。

瓜达尔港紧邻伊朗和巴基斯坦边境，扼守着霍尔木兹海峡通往阿拉伯海的海上通道，这条通道目前承担着全球40%的原油供应。若瓜达尔港建成并投入商用，中国从波斯湾地区进口的原油和天然气可以直接从瓜达尔登陆，或直接通过管道运往中亚地区和中国西部，或在瓜达尔当地进行冶炼和加工后再运往中国及世界其他地区。

瓜达尔对于中国的意义不仅是一条能源战略通道。它位于中国提出的“丝绸之路经济带”和“海上丝绸之路”的正中央，随着陆地交通条件的改善，瓜达尔将有可能成为全球贸易的一个新的中转站。在中巴经济走廊的布局中，与瓜达尔港平行的能源、交通基础设施和产业合作均为覆盖巴全国范围的经济发展规划，仅有瓜达尔港一项将投资集中在总人口不足10万的西南边陲渔村。

在第一大港卡拉奇港几近饱和后，巴基斯坦也需要一个全新的港口拉动全国经济增长，尤其是有助于发展西部俾路支斯坦省的地方经济，削弱并孤立地方分离主义势力。瓜达尔港规划的远期货物年吞吐量达到3亿–4亿吨，是卡拉奇港的十倍之多，几乎相当于印度目前所有港口吞吐量的总和。

中国海外港口控股有限公司（下称“中国港控”）从新加坡港务集团手中购回瓜达尔港的经营权至今已整整四年，很长一段时间里，只有陆小飞一人独留守在瓜达尔，直到中巴经济走廊建设全面铺开，曾经离开的中国工程师们又回到这里。

中国第二次开始了对瓜达尔的塑造。

复活瓜达尔港

2016 年 11 月 12 日，由 60 多辆货车组成的中巴经济走廊联合贸易车队经过 15 天的行程，跨越 3115 公里，经过巴基斯坦西部首次通过陆路联通中国新疆的喀什市和瓜达尔港，这批货物在瓜达尔港装船后出口至包括中东和非洲在内的海外市场。中巴经济走廊正在从概念转变为现实。

“在我们刚接手瓜港时，从卡拉奇飞来的航班上每次只有几个人。如今，到瓜达尔的机票是一票难求，绝大多数是前来考察投资机会的巴基斯坦商人和中国代表团。”瓜达尔国际码头有限公司副总经理尚飞向《财经》记者介绍说。

瓜达尔当地条件最好的酒店 Pearl Continental 在两年前还仅仅提供有限服务，至多只有两层客房对外开放。如今，酒店的客人络绎不绝，酒店工作人员形容，“这在瓜达尔的历史上从未有过”。

2013 年 2 月中国港控正式接手瓜达尔港的运营权，那时瓜达尔港满目疮痍，港口机械因年久失修无法使用，储油罐全部锈掉，如山的垃圾堆满了港口。中方人员面临的第一项艰巨任务就是清理这些老旧的设备和垃圾。

此前，瓜达尔港的运营权掌握在新加坡港务集团（PSA）手中。PSA 于 2007 年通过国际招标取得了瓜达尔港 40 年的运营权。由于巴国内安全局势不稳、连接港口与巴国内城市的基础设施条件不足、港口运营市场开发不力等诸多因素，PSA 管理期间的瓜达尔港一直未能达到预期，巴政府在 2013 年 1 月底正式批准将该港运营权移交给中国港控。

“我们能看到的就是他们在港口种了几棵树，并在树前插了几个牌子。”回想起刚来到瓜达尔时的景象，尚飞有些无奈。“新加坡当初运来的都是有着30年高龄的岸机和吊机，而且采购成本高得吓人，直到我们拆除前，这些老旧机械的账面价值还有几百万美元。”

如今，瓜达尔港口焕然一新：全新的用于装卸货物的吊机和门机已经整装待命，储存散货的筒仓也已安装到位，叉车、集装箱卡车等港口流动机械基本完成采购，办公楼和员工宿舍楼都进行了翻修。

到2016年6月底，瓜达尔港已具备基本作业能力，大批建设物资和大型工程机械开始陆续通过远洋货轮运抵瓜达尔。此前，大部分的物资和车辆都是先运到卡拉奇，再经过600多公里的沿海公路到达瓜达尔。

中国港控还在港口安装了日生产能力为500吨淡水的海水淡化设施，并在港口内部埋设了全套的供水和排水系统。这些淡水不仅能够满足港口内施工和生活的基本用水，还可以每月定量向附近居民免费分发淡水。

前期投资的拉动效应已经初显效果。2015年5月11日，中远航运开辟了首条途经瓜达尔的航线，将瓜达尔本地生产的海鲜产品首次经由瓜达尔港出口至迪拜，然后再运送货物返回中国。接下来港区的重点任务将是培训港口内的作业团队，将专业的现代化港口作业知识传授给巴方人员。

自由区蓄势待发

与瓜达尔港一并移交给中国公司的还有总面积达923公顷的自由区，中方将首先开发其中紧邻瓜达尔港区的25公顷土地，这也被称为自由区的起步区。

移交初始中方就完成了对起步区的规划，2016年9月，起步区的开发建设工程正式展开，目前已经完成了约一半的工作量。

起步区内的道路、水电供应、绿化等全部基础设施将在2017年底之前完成，其中包括一个集企业办公、政务服务、商务考察、休闲等功能于一身的一站式商务服务中心。由于周边安全形势尚不稳定，在瓜达尔当地的其他几家中资企业也均表示希望将其员工安置在瓜达尔自由区内生活和办公。

考虑到巴基斯坦产业基础薄弱和当地缺水少电的实际情况，起步区前期将从瓜达尔当地最主要的捕鱼和鱼类加工行业开始。

瓜达尔市区人口约有 8.5 万人，其中 75% 以上从事与捕鱼相关的工作，但是捕捞和加工技术十分落后。在瓜达尔市内唯一一家手工木制造船厂，湿热的天气下，只有几个工人在用斧头和锯条加工木板，另有一人在检查已完成近半的船体上的木板是否牢固。当地对鱼类保鲜的措施也仅仅是在船底铺上一层厚厚的冰，然后将鱼直接放置在冰块上，这会破坏大部分鱼类的鱼皮组织，根本达不到出口标准。已经有一家来自新疆克拉玛依的中资企业决定在瓜达尔投资建厂，包括冷库、制冰和鱼类分解等功能，从 2018 年开始正式投产。

瓜达尔所在的俾路支斯坦省河谷地区盛产水果和各种干果，还有丰富的大理石和各种金属矿产资源。这些资源在不远的将来将会运送到瓜达尔进行加工，然后销往巴国内或出口海外。

另外，开发方还推介将中国的服装工厂直接搬到巴基斯坦也是值得投资者考虑的方式。巴基斯坦是棉花生产大国，又与美国和欧盟之间都签有优惠的贸易协定，相比于中国，服装和鞋类产品的出口关税要低不少。

巴基斯坦的服装和纺织品类在 2015 年获得了免关税进入欧盟市场的待遇。而在 2016 年 4 月，欧盟将中国的服装和纺织品出口关税由 9% 进一步提高到了 12%。美国方面，巴基斯坦约有 3500 种商品，包括宝石、首饰、大理石、化工品和部分农业产品等，可通过普遍优惠制（GSP）免关税进入美国市场。

根据双方达成的协议，中国企业在自由区享有 23 年的免税期，中方独资的瓜达尔自由区有限公司有权自主制定自由区内的各项优惠政策；中国港控，其运营公司、承包方与转包方在建设瓜达尔港和自由区时的设备和其他材料将享受免关税优惠。

但是由于双方协议在最初没有转化为巴国内法律，意味着协议中的免税政策得不到巴海关机构的认可，中方更是无法提出更细化的针对不同投资群体的优惠政策，一度影响了自由区的招商进度。巴基斯坦内阁经济协调委员会一直到 2016 年 5 月 23 日才正式下达法律监管令，免除中国港控和所有在瓜达尔自由区内开设公司的营业税和消费税；7 月 1 日，随着巴基斯坦 2016 年度财政法案公布，相关优惠政策才正式通过立法程序生效。

随着免税政策确定，“自由区的招商引资工作在过去不到一年的时间内取得了重大进展”，负责自由区开发和招商引资的瓜达尔自由区有限公司副总经理胡耀宗对《财经》记者说。

目前，除来自新疆的渔业公司外，山东临沂商城决定投资 3 亿元人民币建设商品展销厅和仓储设施，预计将在今年底之前完工；巴基斯坦一家名叫 Jolta Tech 的生产电动自行车的企业和另一家名为 Midtrans 的食用油生产企业也已决定在瓜达尔投资建厂，其产品面向巴基斯坦国内和国际市场。

自由区内的金融配套服务也齐头并进。巴基斯坦最大的两家商业银行巴哈比银行（HBL）和联合银行（UBL）已经在自由区开始营业；从今年 3 月份起，巴基斯坦最大的保险公司 EFU 亦将入驻。

生死瓜达尔

瓜达尔 2000 多年前就曾是波斯湾地区重要的海港，历经亚历山大帝国、孔雀王朝、阿拉伯帝国、阿曼王国的统治后，1958 年，回到了刚独立十年的巴基斯坦。

巴基斯坦开发瓜达尔港的计划最早出现在 1964 年的政府文件中，之后的三次印巴战争让这一开发计划仅仅停留在纸面上。无论是国家战略重心还是国家财力，巴基斯坦都无法支持这一计划。

冷战结束伊始，瓜达尔有了第一次复活的机会——新独立的油气资源丰富的中亚国家，尤其是土库曼斯坦，急需通往印度洋的油气出口通道。美国油气巨头优尼科（Unocal）嗅到商机，积极参与到土库曼斯坦－阿富汗－巴基斯坦－印度的天然气管道建设中，其中有一条从巴基斯坦中部的木尔坦连接到瓜达尔的支线，并在瓜达尔市建设天然气液化设施。由于俄罗斯和伊朗的干涉以及阿富汗境内塔利班势力的兴起，优尼科的雄心在1998年胎死腹中。

就在当年，又一位美国商人爱德华·福布斯（Edward Forbes）来到瓜达尔，他通过巴基斯坦政府的投资联合会牵线与俾路支斯坦省政府达成了一份投资总额为4.6亿美元的开发备忘录。名义上是建设一个深海捕鱼作业港口和深海捕鱼舰队，实际上所包含的内容与美国驻海外的军事基地并无二致：保护其自身安全的围墙和照明系统、包括卫星地面站和微波发射塔在内的独立电子通讯系统、公司专用的机场和跑道等。这份备忘录之后被泄露，毫无悬念地遭到巴国内，尤其是军方的强烈反对，又一次的开发计划未始而终。

在1998年进行核试验、次年穆沙拉夫通过军事政变上台后，巴基斯坦遭遇了前所未有的国际制裁与孤立。也就在这时，中国开始出现在瓜达尔的开发史中。2001年，时任中国国务院总理朱镕基访问巴基斯坦并带来总额达20亿美元的投资，其中一个项目就是由中方出资1.98亿美元（部分为援助，部分为贷款），由中国港湾工程公司建设瓜达尔港一期工程。

时任中国港湾工程公司驻卡拉奇代表王小平告诉《财经》记者，作为港口，瓜达尔的基础条件并不理想，中方除了要对航道进行疏浚，还要吹填出港区用地并对地面进行加固，今天在瓜达尔东湾所能看到的港区用地，基本上都是当时完成的工程。

在俾路支斯坦省出生长大、现任瓜达尔港务局主席的杜斯塔恩回忆，那个时候中国工程师和工人就生活在瓜达尔市内，每天傍晚都能看到中国人和瓜达尔当地人一起在沙滩上踢足球、烧烤、载歌载舞，但2004年的爆炸让这种场面只能存在于回忆中。

2004年5月3日清晨，载着12名中国工程师的班车从住处前往港口建设现场，一辆停在路边的白色铃木皮卡车在班车经过的一刹那爆炸，3名中国工程师当场死亡，4名重伤。巴基斯坦警方至今没有查到这次爆炸的幕后主使。

爆炸发生后，所有中国工程师和工人集中到港区附近的一个营地居住，并加快了港口的建设速度，于2005年1月提前完成瓜达尔港的一期建设并交付给巴方。巴基斯坦政府本有意交由中国进行随后的运营，但几次征询中国意见无果后，将瓜达尔港的运营权进行国际公开招标。

新加坡国际港务集团有限公司（PSA）中标后，巴基斯坦军方的NLC公司也参股，与PSA和巴基斯坦AKD证券公司组成了三方持股的瓜达尔港运营公司PSA Gwadar PTE Ltd，并在2007年2月正式获得了瓜达尔港40年的运营权。

为了帮助瓜达尔港获得订单，当地政府给从瓜达尔进口的货物提供每吨2000卢比的陆运补贴，花费了数十亿卢比将巴基斯坦需要进口的部分化肥和粮食订单生拉硬拽到瓜达尔。即便如此，当时正值巴基斯坦深陷恐怖主义和俾路支斯坦分离主义的漩涡，国内大量资源被用于反恐战争和安保，无暇发展经济，除了穷困潦倒的百姓和弥漫在整个社会中的极端思想以外，几乎没有可供出口的东西，瓜达尔港的商业活动难以为继。

由于市场运营没有达到预期，加上为港口配套的自由区征地时遇到阻碍，到2010年左右，PSA在瓜达尔的运营陷入停滞，不再追加投资，瓜达尔港的粮食进口全部停止，每年100万吨的化肥进口到中国港控接手时也仅剩寥寥30吨-40吨。

中国从2011年开始与PSA接触商讨接管运营权。由于瓜达尔运营方还有NLC和AKD的参股，谈判耗时颇久。最终，各方同意以商业买卖的形式将瓜达尔运营公司100%的股权全部移交给中国港控。这时日历已经翻到了2013年2月。

从2005年瓜达尔港建成交付，到2013年又购回瓜港的经营权，很多人认为中国白白浪费了八年的时光，但是王小平的看法有些不同。中国港控与瓜达尔港务局签署的协议与2007年PSA拿到的政策优惠条件完全相同，“PSA不愧是有丰富管理经验的大型公司，当初如果让我们与巴方去谈，不可能获得这么多优惠条件，甚至PSA对港口和自由区运营及管理的公司架构设置，我们都原封未动地照搬了过来。”

提速不易

政策问题解决后，瓜达尔港和自由区的开发速度是提振投资者信心的关键，这是中国港控内部达成的共识。但是现实面临很多制约因素，首要难题是瓜达尔市电力供应紧张。

目前，瓜达尔市民的基本用电全部依赖从伊朗购买（瓜达尔市沿海岸向西不到100公里便可抵达伊朗边境）。“从伊朗输送至瓜达尔的电压极其不稳定，有时连办公室的空调都无法正常带动，即便如此，还时常停电。”胡耀宗说。

瓜达尔夏季气温经常保持在40摄氏度以上，高温下炙烤的海水使空气中的湿度维持在80%以上。但是为给当地省电，瓜达尔港务局的执行主任杜拉尼在记者到访前半个小时才打开了空调。在硬件设施最好的Pearl Continental酒店，房间内空调的电源也要频繁地在市政供电和酒店发电机之间来回切换，对电器的使用寿命损耗极大。

自由区起步区的开发工程已经展开，大批建筑施工人员陆续到位，但目前的建设用电仅依靠 3 台 1.5 兆瓦的发电机。

在中国与巴基斯坦的协议中原本有为瓜达尔港配套的 300 兆瓦火力发电站项目，全部由中方负责融资和建设。但该火电站的建设一直迟迟无法通过巴基斯坦水电部的批准。

一名知情的瓜达尔市官员向记者解释称，瓜达尔市的用电缺口为 14 兆瓦，300 兆瓦的发电站对于瓜达尔市来说过于庞大，由于所在的俾路支斯坦省电网不足，多余的发电能力无处消化，因此巴水电部更倾向于短期内通过向伊朗购买更多电力缓解当地的用电紧张。但即使是依靠进口，巴基斯坦也需要在俾路支斯坦省内投资修建更多变电站和电网以提高覆盖率和输配电容量。

影响瓜达尔开发的还有当地的淡水问题。瓜达尔背后是干旱的俾路支斯坦山区，淡水资源匮乏。瓜达尔市每天的淡水需求量是 450 万加仑，唯一的水源是正面临枯竭的 Akara Kaur 水坝，每天可提供 200 万加仑淡水。按照 2020 年的规划远景，随着瓜达尔市建设开发的推进和投资者、建设人员的到来，全市的淡水需求量将增长到每天 1200 万加仑。

瓜达尔计划新建两条引水渠，从 70 公里远的 Sawar 水坝和 140 公里远的 Shadi Kaur 水坝取水，一旦这两条水渠贯通，每日可解决 750 万加仑的用水。另外，市区内还计划建设一个淡化能力为每日 500 万加仑的海水淡化设施。如果计划能够顺利实施，淡水紧张的问题应该可以得到极大地缓解。

中巴经济走廊协调委员会下的能源工作小组在 2016 年 8 月初的工作会议上已经达成一致意见，将着力解决瓜达尔地区缺水短电的问题，保证建设的顺利进行。按照最新的时间表，300 兆瓦的电厂和海水淡化设施将在 2019 年左右建成投产。

中国在海外的大型基础设施还有一个绕不开的用工问题。

瓜达尔当地的文盲率高达 75%，绝大多数人从事渔业，对此中国在当地援建了一个职业培训中心，为将来港口和自由区运营所需要的工作人员提供必要的基础培训。瓜达尔市长告诉《财经》记者，巴政府提供的免税政策意味着当地在前期不可能获得税收，巴方在这段时期能获得的主要利益就是实现当地人口的就业，把他们从渔民培训成掌握现代工业社会生产技能的劳动人口。

中国港控的工作人员也表示，虽然签署的合作协议中有对当地用工比例的规定条款，但是考虑到瓜达尔的实际状况，前期肯定达不到这个要求，“只能慢慢来”。

随着中方大批工程人员的到场，瓜达尔地区的安保也将升级。2004 年 5 月中国工程师在瓜达尔市区内遇袭的悲剧依然是前来瓜达尔的中国人挥之不去的阴影。俾路支斯坦省分离主义势力频繁发动的针对巴政府项目的袭击也让中国投资者心有余悸。2015 年 4 月，距离瓜达尔东北部 120 公里处的土尔巴特一处水坝建设营地遭到袭击，导致 20 名巴基斯坦工人死亡。

为此，在中国政府要求下，巴基斯坦军方划拨了 1.5 万兵力专门为中巴经济走廊项目保驾护航，其中瓜达尔港的建设和开发是护卫重点。记者在瓜达尔港区和市区活动期间，即便是短短几百米的路程，前后也至少有四辆军车和警车负责护送；采访期间，全副武装的士兵在室外的高温下等候。

但现如今中国大批的建设人员进驻瓜达尔，以现有安保力量依照此机制提供安保并不现实。此外这种“严阵以待”的方式在投资者看来并不是能增加投资信心的加分项。经常陪同投资者一同考察的胡耀宗表示，这些持枪的安保力量随时出现在身边，初来乍到不熟悉情况的投资者会感到非常不适，会影响他们的投资决定。

据《财经》记者了解，经过与巴军方的协调，目前中方人员的自由活动范围已经得到了扩大，甚至还有了一块“豪华”的足球场，中巴兄弟在一起踢球的场面又回到了瓜达尔。

破坏者还是竞争者？

更加隐形的风险是本地区的一些国家对中巴经济走廊的建设以及中国对瓜达尔港的开发和运营存在的疑虑和担忧。

2016 年 3 月 3 日，巴基斯坦在俾路支斯坦省抓获了一位叫雅德夫（Kulbushan Jadhav）的印度海军军官。虽然印度中央情报局否认雅德夫为其提供服务，但据雅德夫本人供述，他从 2002 年开始情报行动，先是以穆斯林小商人的身份在伊朗的恰巴哈尔港立足。在 2013 年底，也就是中国国务院总理李克强访问巴基斯坦、提出“中巴经济走廊”的倡议后，他秘密潜入巴基斯坦俾路支斯坦省。在那里，他的代号为“猴子”，在巴基斯坦主要活动目标就是：渗透俾路支民族主义政党，故意增加巴基斯坦内部对中巴经济走廊建设的争议；与俾路支分离主义分子和恐怖分子联络，资助恐怖主义活动，并为反叛分子提供作战训练，从事破坏巴基斯坦法律和秩序的活动，主要袭击目标就是瓜达尔和卡拉奇。

有分析认为，中巴经济走廊和一个强势的巴基斯坦会对印度的国家安全构成威胁，宿敌巴基斯坦将有可能切断印度从波斯湾地区和中亚地区获得油气能源的通道。

逮捕雅德夫后，巴基斯坦又逮捕一批与印度中央情报局相关、涉嫌参与恐怖主义、教派冲突、目标暗杀等活动的情报人员。据巴基斯坦媒体报道，总共大约有 500 名在印度受训恐怖分子，装扮成穆斯林，潜入巴基斯坦。

在 2002 年 –2007 年间担任中国驻巴基斯坦大使的张春祥告诉《财经》记者，从 2002 年第一批中国人抵达瓜达尔直到今天，中国都是以纯商业目的开发瓜达尔港，没有任何文字记录显示中国有意将瓜达尔开发为军用港口。2002 年中国港湾工程公司进行瓜达尔港口一期建设时，第一篇关于“中国要在巴基斯坦建设军事基地”的英文报道是一个印度作者发表在泰国媒体上。

印度对于中国在巴基斯坦建设项目的应对不仅限于破坏性的一面。2016 年 5 月下旬，印度总理莫迪访问伊朗，最重要的一项成果是印度将投资 5 亿美元建设位于伊朗东南部省份锡斯坦 - 俾路支斯坦的恰巴哈尔港。这也被视为对中国大规模投资瓜达尔的回应。

恰巴哈尔港距离瓜达尔的直线距离不超过 100 公里，位于同样欠发达的俾路支山区。一名伊朗驻华使馆的外交官对《财经》记者称，伊朗发展锡斯坦 - 俾路支斯坦省经济的愿望与中国发展新疆经济的愿望一样迫切。“伊朗并不排斥中国来恰巴哈尔投资，可惜没有中国投资者对我们的提议感兴趣。”

恰巴哈尔港对于印度的战略意义在于，印度可以绕过由巴基斯坦主导的陆上路线，直接从海上与伊朗建立商业联系，在保障获取来自伊朗以及中亚地区的石油和天然气供应的同时，还可以伊朗为中转站将印度商品通过陆路销往阿富汗、中亚甚至更远的俄罗斯、东欧等地区。

印度并非首次表现出对恰巴哈尔港的兴趣。早在 1983 年，印度就与伊朗签署了开发恰巴哈尔的备忘录；2003 年，也就是中国开始修建瓜达尔港一期工程之后，印度又与伊朗签署了一份新的备忘录，但是由于伊朗一直遭受西方国家制裁，印度的投资未能实际进入。这一次，瓜达尔与中国又产生了联系，中国的大量资金投向了瓜达尔。“不知道印度这次是否能够认真起来。”瓜达尔港务局主席杜斯塔恩半开玩笑地说。

刚刚造访过恰巴哈尔港的杜斯塔恩对记者说，恰巴哈尔作为一个国际贸易港口的实际条件并不理想，需要大量投资疏浚航道、修建防波堤、吹填码头等；以恰巴哈尔港的水深，目前只能停泊 1 万吨左右的货轮，而瓜达尔港可以停进7万吨的巨型轮船；最重要的一点是，恰巴哈尔港没有天然山体保护，易受到印度洋飓风的侵袭。

不过，恰巴哈尔港也自有其优势。伊朗境内的基础设施要远远好于巴基斯坦一侧，只需对港口进行投资和修建，就可以与伊朗境内状况良好的交通网络连接到一起，连入伊朗境内的供水和供电网络也不是难事。

伊朗官员曾在多个场合表示，恰巴哈尔港不会与瓜达尔港形成竞争关系。前述伊朗外交官也称，每天通过霍尔木兹海峡往来于波斯湾和印度洋之间的商船足够多，恰巴哈尔港和瓜达尔港不会为了抢生意而撕破脸。

随着伊朗制裁的解除、阿富汗走向后撤军时期、中亚国家的能源政策愈加独立，一场围绕着能源、市场与南亚地区主导权的角力大戏才刚刚拉开帷幕。

（本文为中国人民大学重阳金融研究院、《财经》杂志中巴经济走廊调研课题组成果，《中巴经济走廊实地调研报告》另外两位执笔人周戎、刘英对本文亦有贡献）

网址：http：//magazine. caijing. com. cn/20170505/4268608. shtml

中巴经济走廊、瓜达尔港及其发展道路

《论坛快报》2019年4月2日　作者：哈桑·卡瓦（Hasaan Khawar）

上次我乘飞机从伊斯兰堡到瓜达尔花了14个小时，途中还在卡拉奇滞留了一夜。ATR涡轮螺旋桨飞机颠簸着降落在不起眼的瓜达尔机场，似乎在嘲笑瓜达尔的雄心壮志。

在中国的援助下，这种情况开始改善。中方斥资2.3亿美元建造的瓜达尔国际机场预计在三年内投入运营，机场建成后国内和国际航线可运行

更大型的飞机，改善瓜达尔亟需提高的互联互通能力。瓜达尔这个曾经默默无闻的小渔村，如今在中巴经济走廊合作框架下有了新的身份。

“一带一路”倡议的基础是提高互联互通能力，为吸引投资和促进经贸增长铺平道路。中巴经济走廊是“一带一路”的旗舰项目，而瓜达尔港则是中巴经济走廊的重中之重。正因如此，瓜达尔才会获得中方的大量投资以提高其互联互通能力，但仅凭互联互通就能改变瓜达尔的未来吗？

如果瓜达尔港大获成功，我们来设想一下 20 年后的样子。在理想情况下，瓜达尔港将成为一个繁忙的港口，每年的货物吞吐量达到数百万吨。数百家中国公司将管理往返于中国西部、中东地区和北非的货流。众多中巴合资企业将在这里诞生，向全世界出口货物，并吸引垂涎中国巨大市场的全球大型企业。瓜达尔港将成为俾路支省的经济中心，促进省内外人员和货物流动，让这个被世人忽视的地方走进繁荣富强的新时代。

但仅凭互联互通能力不足以实现上述愿景，还有两个难题需要解决：要建设一座安全、现代化、市政设施一流的城市，并打造一个具有适合投资的规章制度和机构的、运行稳健的商业中心。

然而，现在的瓜达尔港仍然背负着投机性房地产投资和土地非法交易记录的名声，水资源供应和市政服务问题仍然有待解决。当地居民大多以捕鱼为生，似乎对即将到来的投资持怀疑态度，因为这可能会影响他们苦心经营数十年的事业。此外，由于当地居民缺乏良好的技能基础，绝大多数技术含量高的工作都转移到了卡拉奇和其他地区。除去中方的投资，瓜达尔港似乎与其它的巴基斯坦小镇无异。中国和巴基斯坦的合作似乎并不平等，因为巴基斯坦还没有准备好发挥自己的作用。

中国能给巴基斯坦带来资金、技术和经验，建造优质的公共设施，但无法解决巴基斯坦政府深层次的经济和管理体系问题。如果我们希望瓜达尔港与巴基斯坦其他管理不当的市中心有所不同，就必须采取不同的做法。瓜达尔发展局（Gwadar Development Authority）等传统政府机构作用有限，我们需要一种类似于“特许城市”（charter city）的模式，由专家研究制定城市管理的特别法。这一模式应享有充分的资源支持，省级和国家级的发展计划也应对此充分考虑，因为该模式不仅能促进城市现代化发展，还能让人民享受发展的红利。

巴基斯坦总理伊姆兰·汗（Imran Khan）主持了瓜达尔国际机场的建设开工仪式，批准了中巴经济走廊西部线路的库奇拉克－佐布（Kuchlak－Zhob）复线铁路建设，但政府是否真的准备好将瓜达尔港打造成一个活力十足、运行稳健的经济中心还有待观察。要实现这一目标，需要的不仅仅是实体工程。

网址：https：//tribune. com. pk/story/1941685/6 – cpec – gwadar – road – ahead? amp = 1

瓜达尔港——梦想成真

《巴基斯坦观察家报》2020 年 6 月 1 日

一直以来，巴基斯坦人民梦想着位于战略要地的瓜达尔深水港全部投运。如今梦想成真，随之带来了巨大的经济利益，该港口有望使巴基斯坦成为区域性的贸易活动中心。

瓜达尔港投入使用对于阿富汗过境贸易，是一项积极的、甚至极具历史性的进展，因为瓜达尔港将在区域经济连通方面发挥重要作用。

扩大巴基斯坦和阿富汗两国之间的贸易关系已经万事俱备。

几天前，总理商务顾问拉扎克·达乌德（Razaq Dawood）发布一系列推文称，一艘载有 1.6 万公吨化肥、运往阿富汗的船只已经抵达瓜达尔港，将在当地进行包装。

除化肥之外，阿富汗还将获准从瓜达尔港转运糖和小麦，但须在港口封装后通过全密封卡车运送回国。

这些会给当地居民带来众多就业机会，因为包装、装卸货物等工作都需要工人。港口贸易活动的增加也将为巴基斯坦的年轻人创造各类提升工作技能和改善生活的机会。但政府应优先考虑当地居民，改善他们的生活，消除其被剥夺感。

同时，瓜达尔港为阿富汗提供了最为经济的贸易路线。长期以来，阿富汗商人通过巴基斯坦的卡拉奇港和卡西姆港开展过境贸易，而瓜达尔港给阿富汗提供了一个距离阿富汗更近的选择，能够实现货物快速清关。

瓜达尔港的影响还远不止如此。瓜达尔港对于内陆中亚国家也至关重要，它们可以把目光投向更远的市场。通过瓜达尔港进行海洋贸易，内陆中亚国家有绝佳的机会实现区域连接、经济多样化和可持续发展的梦想。

政府应聚焦于尽早开放经济特区，并启动 ML－1 铁路升级改造工作。这些举措可大程度上弥补新冠肺炎疫情所造成的经济损失。

按照中巴经济走廊的设想，通过加快各领域合作，我们的国家才能实现真正的繁荣富强。

网址：https：//pakobserver. net/gwadar－port－a－reality－now/

主要参考文献

专著

[1]【巴基斯坦】阿扎尔·阿赫迈德著，李景峰、史高杰译. 瓜达尔——地区战略转型中的平衡点. 云南：云南大学出版社，2017.

[2] 李景峰. 巴基斯坦与中国新疆交往历程研究. 云南：云南大学出版社，2018.

[3] AASA Consulting, DEVELOPMENT PROFILE OF GWADAR DISTRICT, January 3, 2015.

[4] Alok Bansal, Balochistan in Turmoil, Manas Publications, 2010.

[5] Fida Hussain Malik, Balochistan – A Conflict of Narratives, Lightstone Pulishers LTD, 2019.

[6] Kaiser Bengali, A Cry for Justice, Oxford University Press, 2019.

[7] NADIR MIR, GWADAR ON THE GLOBAL CHESSBOARD, PAKISTANS INDENTITY, HISTORY & CULTURE Publication, 2010.

[8] Niaz Ahmad, Baluchistan, Sang – e – meel Publications, 2011.

[9] Pakistan Institute of Peace Studies , Conflict and Insecurity in Balochistan, Narratives Publication, 2012.

[10] Sushant Sareen, Balochistan: Forgotten War, Forsaken People, VIF,

September 2017.

[11] Tilak Devasher, Pakistan - The Balochistan Conundrum, HarperCollins Publishers, 2019.

政府文件、研究报告、论文

[1] 崔晓萌. 珠海港与中海港控签下65亿元大单. 珠江水运，2015（22）.

[2] 高荣伟. 瓜达尔港：承载着中巴合作共赢. 市场，2017.

[3] Leithian. 神秘的瓜达尔初露面纱，海洋世界，2015.

[4] 李仲，郭文宇. 瓜达尔的等待. 建筑，2015（13）.

[5] 汽车信息：中国重汽集团与中国港控公司、巴基斯坦瓜达尔港务局正式签署战略合作框架协议. 重型汽车，2017.

[6] 商务部国际贸易经济合作研究院，中国驻巴基斯坦大使馆经济商务参赞处，商务部对外投资和经济合作司. 对外投资合作国别（地区）指南——巴基斯坦，2018.

[7] 图志："中资瓜达尔港开航"，《中国外汇》，2016年12月1日.

[8] 席芳，汪超，李俊星. 一带一路战略下的巴基斯坦瓜达尔港SWOT分析及发展策略交通企业管理，2017（2）.

[9] 徐思远，付文焕，刘华晔，吴钢. 瓜达尔中巴博爱医疗急救中心疾病情况分析. 复旦学报：医学版，2019.

[10] 袁莉琳，季鹏. 21世纪海上丝绸之路沿线区域枢纽港优化选择. 经济地理，2017（37）.

[11] 张任重. 瓜达尔港：中巴经济走廊的璀璨明珠. 中国中心企业，2018.

[12] 郑崇伟，李崇银，杨艳，陈雄. 巴基斯坦瓜达尔港的风能资源评估. 厦门大学学报：自然科学版，2016.

[13] Asian Development Bank, Technical Assistance Islamic Republic of Pakistan: Balochistan Economic Report, December 2005.

[14] Balochistan – Drought Needs Assessment (BDNA) Report, February 2019.

[15] Balochistan Government, Balochistan Budget White Paper 2019 –20.

[16] Climate Change and Coastal Districts of Balochistan – Situation Analysis, Implications and Recommendations, INTERNATIONAL UNION FOR CONSERVATION OF NATURE, 2012.

[17] Communication & Works Department , Government of Balochistan Quetta.

[18] Development Statistics of Balochistan (2015 – 2016) / (2016 – 2017), BUREAU OF STATISTICS, PLANNING & DEVELOPMENT DEPARTMENT, GOVERNMENT OF BALOCHISTAN.

[19] Ghulam Murtaza Safi, Muhammad Sohail Gadiwala, Farkhunda Burke, Muhammad Azam and Muhammad Fahad Baqa, Agricultural Productivity in Balochistan Province of Pakistan, Journal of Basic & Applied Sciences, 2014 Volume 10.

[20] District Development Profile 2011 – Gwadar, Planning & Development Department, Government of Balochistan, 2011.

[21] Gurmeet Kanwal, Pakistan's Gwadar Port, CSIS Briefs, March 2018.

[22] Gwadar – An Integrated Development Vision, IUCN Pakistan, Balochistan Programme, 2007.

[23] Gwadar Port Newsletter, April – June 2017 (Vol: 02 Issue: 02)

[24] Gwadar – with focus on livelihood related issues, South Asia Partnership – Pakistan, 2009

[25] Hamid Sarfraz, Balochistan Conservation Strategy, IUCN Technical Report, January 2000

[26] Inayat Kalim, Geo – Strategic Prospects of Gwadar Port: An Analysis of Protecting Sea Lanes of Indian Ocean, Journal of Political Studies, Special Issue, 2018.

[27] NSER National Socio – Economic Registry, Benazir Income Support Programme

[28] Pakistan Bureau of Statistics, Block Wise Provisional Summary Results of 6th Population & Housing Census – 2017.

[29] Pakistan Economic Survey, 2015 – 2016/2018 – 2019

[30] Pakistan Human Development Index Report 2017, Published for the United Nations Development Programme, 2017

[31] POPULATION AND HOUSEHOLD DETAIL FROM BLOCK TO DISTRICT LEVEL, BALOCHISTAN (GWADAR DISTRICT)

[32] The Balochistan Government Rules of Business, 17th December, 2012, As modified upto 29th January, 2019, Government of Balochistan

[33] Zafar, I. S., Air pollution studies and determination of smoke particles size on Siryab road, Quetta, World Applied Sciences Journal, 2006.

网站

华商报

The Nation

The News International

Daily times

Dawn

后　记

作为中巴经济走廊项目的一个重要端点，瓜达尔吸引着全世界的目光。这一方面是由于其所处的重要地理位置，另一方面也得益于其可能成为地区经济发展枢纽的地位。

国内、国际专门研究瓜达尔的著作并不多，大多从战略格局描述瓜达尔。比较著名的两本著作：一、纳迪尔（Nadir Mir）在《全球棋局中的瓜达尔》[①] 一书中讲述了瓜达尔的地缘战略重要性；二、阿扎尔（Azhar Ahmad）在《瓜达尔——地区战略转型中的平衡点》[②] 一书中分析了巴基斯坦的海洋战略及瓜达尔对巴基斯坦的重要作用。

国内外专家学者对于俾路支的安全形势、动荡因素等研究较多。《动荡中的俾路支》[③] 和《俾路支：忘记战争，发展人民》[④] 两本书讲述了俾路支的矛盾与冲突，认为老布格提被击毙后俾路支就陷入了动荡，这也是

---

① NADIR MIR, *GWADAR ON THE GLOBAL CHESSBOARD*, PAKISTAN'S INDENTITY, HISTORY & CULTURE Publication, 2010.

② 阿扎尔·阿赫迈德著，李景峰、史高杰译．瓜达尔——地区战略转型中的平衡点．云南大学出版社，2017.

③ Alok Bansal, Balochistan in Turmoil, Manas Publications, 2010.

④ Sushant Sareen, Balochistan: Forgotten War, Forsaken People, VIF, September 2017.

瓜达尔安全形势不稳定的主要原因。《俾路支的冲突与危险》[①] 一书列举了引发俾路支动荡的因素及主要参与方，为巴基斯坦俾路支和平与稳定提供政策选择。

卡里姆（Inayat Kalim）在《瓜达尔港地缘战略展望》中从地缘战略、能源安全入手，认为瓜达尔可以为巴基斯坦提供战略纵深，并确保海上运输和海上防御的安全。[②]

美国国际战略研究中心（CSIS）坎瓦尔（Gurmeet Kanwal）在《巴基斯坦瓜达尔港》报告中认为发展瓜达尔港对中巴两国是双赢的，但对美国是个挑战。因此 2017 年 11 月，美日印澳建立四边安全对话机制，然而报告却无法解释：作为自己国土的一部分，为什么巴基斯坦不能发展瓜达尔？不让瓜达尔建港口，那美国如何帮助瓜达尔地区发展?[③]

随着瓜达尔投资环境的进一步改善和交通基础设施的提升，瓜达尔吸引着众多投资者。然而，目前市场上却没有一本专门介绍瓜达尔经济社会发展状况的著作，我们对瓜达尔的了解实在是太少。为弥补此缺憾，本书从经济、社会、民生角度看待瓜达尔的发展，介绍瓜达尔的发展现状及发展潜力，较少涉及大国政治、地缘战略。因此该书既是面向大众的普及性读物，又适合潜在投资者在决策前对瓜达尔有所了解。

本书重点讲述发展中的瓜达尔。作者认为中国企业在瓜达尔的投资带动了当地社会、经济、教育水平的提升，也使瓜达尔成为巴基斯坦发展较为迅速的城市及目前俾路支发展前景最好的城市。

本书的数据来源于实地调研的一手数据及巴基斯坦统计的二手数据。

---

① Pakistan Institute of Peace Studies , *Conflict and Insecurity in Balochistan*, Narratives Publication, 2012.

② Inayat Kalim, Geo – Strategic Prospects of Gwadar Port: An Analysis of Protecting Sea Lanes of Indian Ocean, Journal of Political Studies, Special Issue, 2018, 111: 120.

③ Gurmeet Kanwal, *Pakistan's Gwadar Port*, CSIS Briefs, March 2018, p4.

一手数据主要来源于在瓜达尔地区的调研统计。二手数据的引用主要来源于巴基斯坦统计年鉴（2018－2019）、俾路支发展统计、俾路支社会经济指标、俾路支公共部门发展项目统计、巴基斯坦人口统计、农业统计、农业机械化统计、工业统计等政府统计数据。